당신은 세상에서 가장 소중한 사람입니다.

사랑하는 　　　　　　　　　　에게

드림

설교에 맛을 내는 예화6 성품

초판 1쇄 인쇄 | 2010년 7월 1일
초판 1쇄 발행 | 2010년 7월 1일

지은이 | 한치호
교　정 | 최화숙
편　집 | 최영규
펴낸이 | 정신일
펴낸곳 | 크리스천리더
주　소 | 부천시 원미구 중동 667-16 (2층)
연락처 | ☎ (032)342-1979　fax.(032)343-3567
홈페이지 | www.cjesus.co.kr
총　판 | 생명의 말씀사 (02)3159-8211
등　록 | 제2-2727호(1999. 9. 30.)
　　　　ISBN 978-89-93273-75-5 04230
　　　　ISBN 978-89-93273-63-2 (세트)

값 5,800원

저자와의 협약 아래 인지는 생략되었습니다.
이 출판물은 저작권법에 의해 보호를 받는 저작물이므로
무단전재와 무단복제를 할 수 없습니다.

■ 잘못된 책은 구입하신 곳에서 바꾸어 드립니다.

설교에 맛을 내는 예화 6

Preaching with good Story

[성품]

CLS 크리스천리더

추천사

설교에 맛을 내는 예화

목회자가 하나님의 말씀을 쉽게 전달하기 위해서는 참신하고 호소력 있는 예화들이 필요하다.

그러나 우리는 예화 자료를 얻기가 쉽지 않다. 설교를 준비해 본 사람이면 예화자료의 부족으로 한 두 번쯤은 고민해 본 경험을 갖고 있을 것이다.

본인과 늘 가까이 대하는 좋은 후배로서, 언제나 동역자로 함께 지내오고 있는 한치호 목사가 설교자들을 돕기 위하여 하나님의 말씀 전파를 돕는 예화를 엮는다는 소식을 접하였을 때 흐뭇하였다.

사실, 우리는 기독교 서점에 나가보면 이런 저런 형태의 예화집들을 쉽게 대하게 된다. 그럼에도 이 예화집에 기대를 거는 것은 주제별로 예화를 묶는 것에 있다.

한가지 소재를 가지고 설교 원고를 작성했을지라도 그 주제에 꼭 알맞은 예화를 선택하는 데는 시간을 필요로 한다. 그런데 동일한 주제에 맞는 예화들을 1백편 이상 추려서 한 권의 책으로 엮는다니 얼마나 좋은 아이디어인가!

우리는 예수님께서 천국복음을 전파하실 때, 아주 적절하게 예화를 사용하셨음을 알고 있다.

본문을 풍성하게 해주는 적절하고 은혜로운 예화의 사용은 성도들에게 설교의 성패를 좌우할 수 있다.

설교에 있어서 예화의 사용은 설교의 문을 여는 역할을 하며 윤활유와 같다. 교회를 담임하고 평생을 설교를 해온 본인의 경험으로는 하나님의 말씀을 듣기 전에 대하게 되는 예화가 강단에 끼치는 영향은 매우 크다고 할 수 있다.

우선, 성도들이 설교를 이해하는데 도움을 주고, 둘째로 설교의 내용을 오래 기억하게 하며, 셋째는 설교를 되새길 수 있는 여유를 주는 까닭에 설교에 있어서 없어서는 안 되는 요소라 하겠다.

목회자들의 강단과 성도들의 은혜를 고려한 예화를 엮는 작업에 있어서 한치호 목사는 부족함 없는 사람이다.

그는 지금까지의 삶을 하나님의 종으로서 훌륭한 모습을 보여 왔기에, 그의 인품을 보아 좋은 책을 엮어 내리라고 기대하며, 즐거운 마음으로 추천한다.

2009년 12월

이충선 목사(경기노회 전노회장, 예장합동)

차 례

추천사 이충선 목사
들어가는 글 **크리스천이 갖추어야 할 성품**

1. 관용하며, 범사에 온유함을

1. 관용에서 나오는 진정한 기쁨_18
2. 웃음의 결과_20
3. 늘 웃음이 떠나지 않았던 사람_22
4. 성 프란시스코와의 대화_24
5. 싸우지 않는 닭_26
6. 재판관을 선대한 토마스_28
7. 용서의 사랑_30
8. 파인애플의 진짜주인_32
9. 다스리지 못한 분노_34
10. 용서받을 기회_36
11. 가난한 자들의 이기심_38
12. 자격 없는 자를 위한 탄원_40
13. 용서받아야 할 인간_42
14. 모두가 축복받는 용서_44
15. 사람을 변화시키는 용서_46
16. 거울에 비춰보기_48
17. 웨일즈의 부흥은 회개로 시작되다_50

18. 용서_52
19. 사랑할 수 없는 사람을 사랑할 수 있는 힘_54
20. 마음의 병_56
21. 인내의 사람_58
22. 참을성 없는 아브라함_60
23. 현재에 충실_62
24. 관용을 알게 하라_64
25. 족하나이다_66

2. 오직 겸손한 마음으로

1. 외줄로 연주한 파가니니_70
2. 교만과 겸손_72
3. 죽을지어당!_74
4. 교만했던 원님_76
5. 디오게네스의 침_78
6. 겸손하게 십자가를 지라_80
7. 거룩은 외모가 아니다_82
8. 하나님의 시선_84
9. 1등을 능가한 2등_86
10. 겸손하게 만드시는 하나님_88
11. 그리스도인의 참된 교제_90
12. 깨어짐의 영성의 법칙_92
13. 노 수도사의 겸손_94
14. 높임을 받는 겸손_96
15. 다섯 손가락들의 자랑_98

16. 대왕을 몰라본 중장_100
17. 대통령의 겸손_102
18. 무디의 겸손_104
19. 미 국무장관의 겸손_106
20. 보온용 밍크코트_108
21. 부족한 겸손_110
22. 사역의 고초_112
23. 섬길 수 있는 자만이 다스릴 수 있다_114
24. 성숙한 자의 겸손_116
25. 시체가 곧 나_118

3. 온유한 자는 복이 있나니

1. **연약한 피조물**_122
2. 자기를 낮추는 자_124
3. 작업복을 입은 노벨상 수상자_126
4. 조만식 장로의 겸손_128
5. 이웃을 위한 겸손_130
6. 지칠 줄 모르는 자아도취_132
7. 천사의 저울에 달아본 결과_134
8. 총사령관 워싱턴의 겸손 _136
9. 최고의 미덕 겸손_138
10. 페인트 칠 하는 학장_140
11. 함께하는 사람 _142
12. 황금률의 원리144
13. 3등석에 탄 사람_146

14. 겸손으로 성공한 사람_148
15. 고아들을 위한 겸손_150
16. 허풍과 자랑_152
17. 어떤 일본인의 겸손한 기도_154
18. 예수의 십자가를 바라보면_156
19. 오만한 나귀_158
20. 자기 자신을 다스리는 자기 규범_160
21. 환영행사를 피한 나이팅게일_162
22. 세계제일교회_164
23. 망신_166
24. 으뜸이 되고자 하느냐?_168
25. 판사의 긍휼_170

4. 정직한 영을 새롭게 하소서

1. 마음을 하나로 뭉치자_174
2. 정직한 대통령_176
3. 거짓말은 안 한다_178
4. 안중근 의사_180
5. 정직은 최고의 정책_182
6. 링컨의 청결한 가치관_184
7. 정직으로 여는 하루_186
8. 보석 전문가가 되는 길_188
9. 스타인웨이 피아노_190
10. 총장의 사직서_192
11. 떡 장수 할머니_194

12. 정직이라는 시험_196
13. 묵묵히 추구하는 삶_198
14. 들통난 거짓말_200
15. 가장 양심적인 돈_202
16. 정직의 결과 _204
17. 다들 그렇게 해요_206
18. 어느 회사의 시험_208
19. 재봉틀 외판원_210
20. 진정한 관심은 긴 인내를_212
21. 아버지의 인내_214
22. 용서 합니다_216
23. 사랑과 용서_218
24. 용서하고 사랑하라_220
25. 은혜를 베푸는 사람_222

항상 십계명

항상 기뻐 하자
항상 기도 하자
항상 감사 하자
항상 웃음을 주자
항상 꿈을 가지자
항상 들어 주자
항상 이해 하자
항상 섬기자
항상 사랑하자

내게 꼭 필요한 십계명을
항상 잘 지키자

나를 위해
이웃을 위해

이은주 시인의 「하나님의 공주」 중에서

설교에 맛을 내는 예화6-성품

크리스천이 갖추어야 할 성품

"성품이 냉철한 자는 명철하니라"(잠 17:27).

성품이 냉철한 자란 감정을 조절하는 사람을 말한다. 분노할 수밖에 없는 상황에서, 큰일을 저지를 수밖에 없는 처지에서, 자기 마음을 억제할 수 있는 것이 성품의 힘이다.

"노하기를 더디 하는 자는 용사보다 낫고, 자기 마음을 다스리는 자는 성을 빼앗는 자보다 나으니라"(잠 16:32).

이런 사람이 냉철한 성품의 소유자이다.

하나님은 우리를 "신성한 성품에 참예하는 자가 되게"(벧후 1:4) 하시어 어떤 어려움도 세상의 어떤 정욕도 우리를 멸망시킬 수 없게 하셨다.

신성한 성품이란 하나님의 성품이요 하나님을 닮은 성품이다.

"신성한 성품에 참예한 자"에게 권하는 말씀은 "너희가 더욱 힘써 너희 믿음에 덕을, 덕에 지식을 지식에 절제를, 절제에 인내를 인내에 경건을 경건에 형제우애를 형제 우애에 사랑을 공급하라"(벧후 1:4~7)

믿는 자는 하나님의 성품에 참예한 자이다.

성품의 힘이 있어야 포기하거나 역경에 굴복하지 않는다. 인생의 폭풍우를 견디기 위해서는 하나님의 성품에 참예하는 성품이어야 한다.

시련과 고통을 경험하면서 영혼은 강해지고 비전은 뚜렷해지고 열정이 고무되고, 성공할 수 있게 된다.

성품의 힘이 있어야 옳은 일을 할 수 있다. 상황에 상관없이 옳은 일을 할 수 있다. 겁쟁이는 이것이 안전한가를 묻고, 여론은 이것이 대중적인가를 묻고 하나님의 성품은 이것이 옳은 가를 묻는다고 한다.

성품의 힘이 있는 자는 삶을 통제한다. 주도자가 되는 것이다. 스티븐코비는 근본적으로 성품에 문제가 있다면 결과적으로 성공할 수 없다고 했다.

성품은 유전될 수 없다. 누구 것을 사들일 수도 없다. 스스로 만들어 가는 길 뿐이다. 우리는 하나님의 성품에 참예하여 나의 성품을 바꿀 수 있다. 하나님은 마음을 다하고 성품을 다하여 하나님을 섬기기를 요구하신다.

성품을 다하여 하나님을 섬기면 이 세상에서도 모든 행복을 얻게 될 것이다.

그리스도 예수의 성품

성품을 제대로 갖춘 사람은 그 사람을 둘러싼 상황이 어떻든 간에 그 성품을 따라서 곧고 바른 성품대로 그 일을 처리해 나갈 수 있다.

성품이 곧은 사람은 그 시대를 초월하는 올바른 성품, 바른 삶의 원칙이 있기 때문에 결국은 뚫고 나간다.

사람의 성공의 기초가 무엇일까?

성공적인 삶을 살기 위해서, 후회 없는 삶을 살기 위해서, 후회 없는 삶을 성취하기 위해서 반드시 기본적으로 눈을 떠야 할 것, 그것은 자기 성품에 대한 것이다. 자신의 좋은 성품을 만드는 일에 일찍 눈을 뜬 사람들, 그 사람들이 인생의 행복한 길에 빨리 들어선 것이다.

모든 문제를 보는 방식, 한 인간이 모든 문제에 접근하는 방식, 한 인간이 모든 문제를 조종하는 방식이 어디서 오는가?

그것은 그가 그를 구축한 성품에서 나오기 때문이다. 너희 안에 이 마음을 품으라. 너희 안에 이 성품을 만들어라. 그리스도 예수님의 성품이다.

기쁨, 온유, 용서, 인내, 정직, 거룩, 충성, 겸손, 섬김…

직접 본이 되어 주셨던 예수님의 그 성품을 우리는 가져야 하고, 연습해야 하고, 공급받아야 한다.

"그러므로 주 안에서 갇힌 내가 너희를 권하노니 너희가 부르심을 받은 일에 합당하게 행하여 모든 겸손과 온유로 하고 오래 참음으로 사랑 가운데서 서로 용납하고 평안의 매는 줄로 성령이 하나 되게 하신 것을 힘써 지키라"(엡 4:1~3).

01
관용하며, 범사에 온유함을

아무도 훼방하지 말며 다투지 말며 관용하며 범사에
온유함을 모든 사람에게 나타낼 것을 기억하게 하라
(딛 3:2).

01 | 관용에서 나오는 진정한 기쁨

 월남전이 한창이던 시절, 월남에서 부상당하여 돌아온 군인들을 위한 대대적인 위문공연을 준비하고 있을 때의 일이다. 프로그램의 총 책임자인 감독은 미국의 유명한 코미디언인 밥 호프(Bob Hope)를 이 공연에 초대하기로 했다.

 그러나 밥 호프는 너무나 바쁜데다가 선약이 있어서 갈 수 없다고 거절했다. 밥 호프가 없는 위문 공연은 아무런 의미가 없다고 생각한 감독은 "전쟁터에서 돌아온 군인들을 위로해 주는 아주 중요한 자리에 당신이 꼭 필요합니다."라며 여러 번 간곡히 부탁을 했다. 밥 호프도 끈질긴 감독의 부탁에 "그러면 제가 한 5분 정도만 얼굴을 보이고 내려와도 괜찮겠습니까?"하고 물었다. 주최측에서는 그렇게만 해줘도 고맙겠다고 해서 밥 호프는 그 위로공연에 출연하기로 약속했다. 드디어 공연 당일, 5분을 약속하고 올라간 밥 호프가 얘기를 시작하자마자 사람들은 웃기 시작했다.

 그런데 밥 호프는 5분이 지나도 끝낼 생각을 안 하고 10분, 15분, 25분이 넘었는데도 공연을 계속했다. 밥 호프는 거의 40분 동안 공연을 하고 내려왔는데 그의 얼굴에는 눈물이 흐르고 있었다. 감독은 5분을 공연하기로 하고 40분을 하게 된 경위와 눈물을 흘리는 이유에 대해 물었다. 그의 물음에 밥 호프는 눈물을 닦으며 이렇게 말했다.

"저 앞줄에 있는 두 친구 때문에 그렇습니다."

그래서 감독이 나가보니까 앞줄에 상이(傷痍) 군인 두 사람이 열심히 박수를 치며 기뻐하는 모습이 보였다. 한 사람은 오른팔을 잃어버렸고 다른 한 사람은 왼팔을 잃어버린 상태였다. 오른팔을 잃어버린 사람은 왼팔을, 왼팔을 잃어버린 사람은 오른팔을 사용해서 두 사람이 함께 박수를 치고 있었던 것이었다. 그 광경을 보며 밥 호프는 이런 유명한 이야기를 남겼다.

"저 두 사람은 나에게 진정한 기쁨이 무엇인가를 가르쳐 주었습니다. 한 팔을 잃어버린 두 사람이 힘을 합하여 함께 기뻐해 주고 있는 모습을 보면서 나는 참된 기쁨을 배웠습니다."

예화와 관련된 말씀

오직 선을 행함과 서로 나누어 주기를 잊지 말라 하나님은 이 같은 제사를 기뻐하시느니라(히 13:16).

02 웃음의 결과

　미국의 인생문제 전문가인 D.카네기는 수천 명의 실업가들을 상대로 매일 누구에게든지 웃음으로 대하고 그 결과를 보고하여 달라는 요청을 한 일이 있었다. 설문지를 돌리고 얼마 후 수많은 응답자들의 보고서가 접수되었는데, 그 중에 가장 독특한 것은 뉴욕 주식회사의 한 중개인의 보고서였다.

　나는 결혼한 지 18년이 되었지만 아침에 일어나 식사를 하고 사무실로 출근할 때까지 아내에게 웃음을 짓거나 열 마디 이상의 이야기를 해본 적도 없었다.

　그리고 버스를 타고 시외에서 시내로 들어오는 승객들 중에 제일 불평이 많은 사람은 나였다. 그런데 웃음의 결과를 이야기해 달라는 설문지를 받고 집으로 돌아온 나는 실행해 보기로 마음을 먹었다.

　다음 날 아침 세수를 하고 거울 앞에 서서 '너는 오늘부터 그 우울한 얼굴 모양을 없애보려고 그 얼굴에 미소를 지으려 하지. 그러면 한 번 웃어봐라.' 하고 혼자 거울을 보며 씩 웃어보았다. 그리고 식탁으로 다가가 아내에게 "잘 잤소?"

하고 웃었다. 아내는 모처럼의 나의 행동에 무슨 영문인지를 몰라 당황해하는 것이었다.

나는 다시 웃으면서 말하기를. "오늘부터 두 달 동안은 오늘처럼 아침인사를 하겠소"라고 약속하고 실행하였더니 우리 집의 기쁨은 측량하기 어려울 정도가 되었을 뿐만 아니라, 나의 직장 생활에도 일대 개혁이 일어나 큰 수입을 얻게 되었다.

미소 짓는 생활태도가 그의 가정도. 직장도 변화시켰던 것이다.

예화와 관련된 말씀

주 안에서 항상 기뻐하라 내가 다시 말하노니 기뻐하라(빌 4:4).

이와 같이 너희도 기뻐하고 나와 함께 기뻐하라(빌 2:18).

03 | 늘 웃음이 떠나지 않았던 사람

6·25 전쟁이 끝난 휴전 직후에는 물이 매우 귀했다. 각 집마다 수도가 없었기 때문에 물을 길어다 파는 물장수가 많았다.

물장수들은 물통을 지고 가파른 언덕길을 오르게 될 때에는 힘이 들어 이맛살을 찌푸렸다.

그런데 물장수 중에 한 사람은 하얀 입김을 내뿜으면서 언제나 노래를 부르고 그의 얼굴에는 늘 미소가 떠나지 않았다.

나는 이 사람을 대하면 기분이 좋아서 언제나 그에게 물을 샀다.

하루는 그에게 "아저씨는 항상 노래를 부르고 기쁜 얼굴인데 무엇이 그리 즐겁습니까?" 하고 물었다.

그랬더니 "예, 나는 예수를 믿는 사람입니다. 하나님께서 나와 함께하시니 이렇게 기쁩니다. 학생도 예수 믿으세요"라고 전도를 하는 것이었다.

내가 볼 때에 그 물장수가 기뻐할 것이 하나도 없음에도 불구하고 그는 언제나 기쁨으로 충만했다.

나중에 알고 보니까 그가 부른 노래가 다름이 아닌 "내 주를 가까이 하려함"이란 찬송이었다.

그는 하늘에 계신 아버지의 자녀임을 알고 하나님께서 함께하심을 알았기 때문에 얼굴에 늘 웃음이 떠나지 않았던 것이다.

예화와 관련된 말씀

또 여호와를 기뻐하라 그가 네 마음의 소원을 네게 이루어 주시리로다(시 37:4).

오직 성령의 열매는 사랑과 희락과 화평과 오래 참음과 자비와 양선과 충성과(갈 5:22).

04 | 성 프란시스코와의 대화

성 프란시스코는 네오와 같이 페르지아에서 3Km 떨어진 마리아 성당으로 가면서 이야기를 주고받았다.

"네오 형제, 형제가 소경의 눈을 뜨게 하고 앉은뱅이를 일으키고, 귀머거리를 듣게 하고 벙어리로 말하게 하며 죽은 사람을 다시 살리는 일을 한다 할지라도 그 일로는 완전한 기쁨이 되지 않는다고 기록하시오. 그리고 형제가 그 모든 나라의 언어에 통하고 만 가지 책을 알고 장래의 일과 다른 사람 마음의 비밀을 다 읽을 수 있다 해도 그것이 완전한 기쁨이 되지 않는다고 기록하시오."

한참을 걸은 후에 프란시스코는 다시 말한다.

"네오 형제, 어떤 형제가 천사의 말을 하고 별의 궤도를 알며 약초의 효능을 알고 땅속의 묻힌 보배들을 다 캐낸다 해도 그러한 것이 완전한 기쁨이 되지 않는다고 기록하시오. 또한 전도를 많이 해서 많은 사람을 하나님께로 돌아오게 한다 하여도 그것이 완전한 기쁨이 되지 않는다고 다시 기록하시오."

그러자 네오가 물었다.

"그렇다면 참된 행복은 어디에서 얻을 수 있는지 가르쳐 주십시오."

프란시스코가 대답하였다.

"우리 몸이 비에 젖어 추위에 떨며 진창에 빠진 듯 기진한 상태로 성 마리아 성당에 도착해서 문을 두드릴 때 '당신들 누구요?' 하는 물음에 '당신들과 같은 형제입니다' 라고 대답했음에도 '거짓말 말라. 너희들은 사방으로 돌아다니며 살아온 놈들이요, 가난한 사람의 구걸한 것을 빼앗아 먹는 악당들이다. 썩 물러가라.' 하며 문을 열어 주지 않고 배고프고 지친 우리들을 차가운 비 내리는 바깥으로 내쫓는다 해도 대항하여 싸우지 않고 그 언사에 불평하지 않으며 오히려 기뻐하는 것, 그것이 참된 기쁨이라고 적으시오. 만약 우리가 문을 열어 주기를 간청하는데도 문지기가 더 화를 내며, 욕설을 퍼붓고 뺨을 때리며 몽둥이를 휘두를 때도 죄 없이 고난 받은 예수님을 생각하고 오히려 즐거워할 수 있다면 그것이 참된 기쁨이라고 다시 적으시오."

예화와 관련된 말씀

이와 같이 너희도 기뻐하고 나와 함께 기뻐하라(빌 2:18).

05 | 싸우지 않는 닭

 중국의 어느 지방 영주는 키우는 닭을 싸움닭으로 훈련시켜야 겠다고 마음 먹었다.
 그래서 닭싸움의 조련사를 찾아가서 자신의 닭을 싸움닭으로 훈련시켜 달라고 당부했다.
 조련사에게 닭을 맡긴 후에 얼마를 지나 가보니 그 닭의 눈매가 또릿또릿해지고 아주 싸움을 잘 했다.
 영주는 아주 만족하여 돌아갔다.
 그리고 한 달 후에 다시 오니 닭은 그 전보다 매우 사나워졌다.
 영주가 매우 흡족해 하며 닭을 데려가겠다고 하자 조련사는 아직은 아니니 한 달만 더 두라고 하는 것이다.
 영주가 한 달 후에 다시 가 보았더니 이 닭이 마당 한가운데 서서 싸울 생각을 안 했다. 영주는 예전보다 못한 닭을 보고 무척이나 실망스러웠다.
 그런데 가만히 살펴보니 중요한 것은 다른 닭들이 감히 그 닭에게 대들지 못하였다.
 이 닭이 가운데 서서 척 바라만 보면 모든 닭들이 다 비실 비실 도망을 갔다.

조련사는 영주에게 말했다.

"이제 됐습니다. 이 닭을 가지고 가세요."

예화와 관련된 말씀

온유한 자는 복이 있나니 그들이 땅을 기업으로 받을 것임이요(마 5:5).

주의 종은 마땅히 다투지 아니하고 모든 사람에 대하여 온유하며 가르치기를 잘하며 참으며(딤후 2:24).

그러므로 주 안에서 갇힌 내가 너희를 권하노니 너희가 부르심을 받은 일에 합당하게 행하여 모든 겸손과 온유로 하고 오래 참음으로 사랑 가운데서 서로 용납하고 평안의 매는 줄로 성령이 하나 되게 하신 것을 힘써 지키라(엡 4:1~3).

06 | 재판관을 선대한 토마스

토마스 무어가 무고하게 잡혀 죽음을 당하게 되었을 때의 일이다.

자신에게 사형을 언도한 재판관을 향하여 이렇게 말하였다.

"내가 당신을 지금 친구라고 부를 수 있도록 허락해 주십시오."

그러자 재판관은 그 엉뚱한 말에 그렇게 부르도록 허락해 주었다.

그러자 토마스 무어는 이어서 재판관에게 다음과 같이 말하였다.

"친구여, 나는 당신과 나의 관계가 바울과 스데반처럼 되었으면 합니다. 바울이 스데반을 죽였지만, 두 사람은 하늘나라에서 친구가 되어 있을 겁니다. 그대가 나에게 죽음을 선고하지만 우리는 하늘나라에서 영원한 구원을 함께 누리기 원합니다."

재판관은 토마스 무어에게 물었다.

"내가 사형을 언도했는데도 그대가 나를 선대하는 이유는 무엇이냐?"

그는 부드러운 미소를 띠며 대답하였다.

"주님께서 나에게 먼저 긍휼을 베풀어 주셨기 때문입니다."

예화와 관련된 말씀

너희를 대면하면 유순하고 떠나 있으면 너희에 대하여 담대한 나 바울은 이제 그리스도의 온유와 관용으로 친히 너희를 권하고(고후 10:1).

사랑은 여기 있으니 우리가 하나님을 사랑한 것이 아니요 하나님이 우리를 사랑하사 우리 죄를 속하기 위하여 화목제물로 그 아들을 보내셨음이라(요일 4:10).

07 | 용서의 사랑

리챠드 범브랜드 목사가 약 30명의 크리스천들과 함께 루마니아의 감옥에 갇혀 있을 때의 일이다. 하루는 감옥 문이 열리고 한 사람이 감옥 속으로 밀쳐 던져졌는데, 침침한 감방 속에서 그 사람이 누구인가 알아지기까지는 약간의 시간이 지나갔다. 감방 속의 모든 크리스천들은 곧 그가 누구인지를 알게 되었다. 그는 다른 사람이 아니라 자기들을 체포하고 고문하던 비밀경찰의 대위였다.

그가 왜 감옥에 들어 왔는지 너무나 의아해 하는 크리스천들에게 그는 다음과 같이 이야기를 했다.

얼마 전에, 열 두 살 된 소년이 자기를 면회 왔다고 하여 사무실로 들여보내라고 했다. 수줍어하며 자기의 사무실에 들어오는 소년의 품에는 아름다운 꽃다발이 한 아름 안겨져 있었다. 소년은 입을 열어서 말을 했다.

"대위님, 당신이 우리 엄마와 아빠를 체포해 가신 분이에요. 오늘은 우리 엄마의 생일이에요. 나는 엄마의 생일이면 꼭 꽃다발을 사서 엄마에게 선물하고 어머니를 기쁘게 해드려 왔어요. 그런데 금년에는 당신이 우리 부모님을 체포해 갔기 때문에 어머니를 기쁘게 해 드리는 꽃을 선물할 수 없게 되었어요. 우리 어머니는 크리스천이기 때문에 나에게 늘 가르쳐 주시기를, 원수도 사랑해야 하고 악을 선으로 갚아야 한다고 하셨어요. 나에게는 지금 어머니가 안 계시니까 이 꽃으로 대위님의 애기들의 어머니를 기쁘시게 해 드리고 싶어서 가지고 왔어요. 이 꽃다발을 대위님 부인에게 전달해 주실 수 있으시겠어요."

대위는 그 소년의 꽃다발을 받았다고 한다. 그리고는 소년을 부둥켜안고 눈물로 울었다고 했다. 그 후로 그의 마음에는 양심의 가책과 회개가 왔고, 남은 일생을 예수 그리스도를 위하여 살기로 결심했다는 것이었다.

예화와 관련된 말씀

형제들아 사람이 만일 무슨 범죄한 일이 드러나거든 신령한 너희는 온유한 심령으로 그러한 자를 바로잡고 너 자신을 살펴보아 너도 시험을 받을까 두려워하라(갈 6:1).

08 | 파인애플의 진짜주인

정글지역에서 선교하시는 한 분이 계셨는데, 그분은 정글에서 사역하면서 원주민 형제들과 함께 파인애플 나무를 심었다. 그러나 시간이 흘러 파인애플을 먹을 때가 되어 가보니 열매가 하나도 없더란다. 왜냐하면 파인애플이 익자마자 바로 원주민 형제들이 따 가지고 갔기 때문이다.

"형제들이여, 어찌하여 내가 필요해서 나무를 심었는데 말도 없이 열매를 모두 따 갈 수 있소?"

"선교사님, 당연히 우리가 심었으니깐 그 파인애플은 우리들의 소유입니다. 왜냐하면 정글의 법칙은 심은 사람이 주인이기 때문이지요."

그래서 선교사님은 "그렇다면 다시 나무를 심되, 심는 대가를 주겠소. 그러니 열매를 반반씩 나누어 가지기로 합시다"라고 말하며 확약을 했다.

그 후 추수 때가 되어 가보니 또 열매가 하나도 없었다. 화가 난 선교사님은 원주민들에게 그들을 위해서 운영하고 있는 간이병원의 문을 닫겠노라고 위협하기도 하고, 파인애플 주변에 개로 경비를 서게 하기도 했다. 그러던 어느 날 성경을 읽는 가운데 하나님의 음성을 듣게 되었다.

"파인애플이 누구의 것이냐? 네 거냐? 내 거지."

선교사님은 인간적인 생각으로 욕심을 부리다가 진정한 주인이 누구인가를 망각하고 있었음을 깨닫게 되었다. 그 후 또 다시 원주민 형제들이 열매를 모두 따갔지만 선교사님은 화를 내지 않았다. 달라진 것이다.

"선교사님, 올해는 왜 우리에게 화를 내지 않으십니까?"

"여태 난 그 나무가 내 것이라고 생각해서 화가 났었습니다. 그러나 그것은 잘못된 생각이었습니다. 왜냐하면 하나님께서 진짜 주인이기 때문입니다. 저는 그 사실을 잊고 있었습니다."

그 후에도 더러 파인애플을 훔쳐 가는 원주민들이 있었지만, 이상하게도 훔쳐간 사람들의 아이가 병이 난다든지 하면 자기들끼리 이렇게 말하곤 했다.

"우리들이 하나님의 것을 훔쳐서 아이가 아픈 것 같아."

예화와 관련된 말씀

온유한 자는 복이 있나니 그들이 땅을 기업으로 받을 것임이요(마 5:5).

09 | 다스리지 못한 분노

'나는 더 이상 정복할 땅이 없다'고 말했던 알렉산더 대왕이 자기의 분노를 다스리지 못함으로 큰 불행을 겪은 일이 있었다.

그에게는 아주 어렸을 때부터 함께 자란 클레토스라는 절친한 친구가 있었다.

그 친구는 어른이 되어서도 친구인 알렉산더 대왕의 휘하에서 장군으로 봉사하였다.

한 번은 이 친구가 술에 잔뜩 취해 알렉산더의 많은 군졸들 앞에서 대왕을 모욕하는 실수를 저지르게 되었다. 이를 지켜보다가 화가 난 알렉산더 대왕은 순간적으로 옆에 있던 군졸의 창을 빼앗아 클레토스에게 던졌다.

알렉산더 대왕은 죽이려는 의도로 그런 행동을 한 것은 아니었지만 불행하게도 그 창이 친구 클레토스 가슴에 정확히 꽂혀 결국 죽고 말았다.

알렉산더 대왕은 자신의 순간적인 행동을 후회했다.

그후 자신의 손으로 친구를 죽였다는 생각에 몹시 괴로워하며 자살하려고 했다가 옆에 사람들의 만류로 포기하기도

했었다.

 알렉산더 대왕은 더 이상 정복할 당이 없을 정도로 전 세계를 정복했지만 자기의 분노를 다스리는 일에는 실패하여 자기의 손으로 친구를 죽이는 결과를 가져 온 것이다.

예화와 관련된 말씀

노하기를 더디하는 자는 용사보다 낫고 자기의 마음을 다스리는 자는 성을 빼앗는 자보다 나으니라(잠 16:32).

아무도 비방하지 말며 다투지 말며 관용하며 범사에 온유함을 모든 사람에게 나타낼 것을 기억하게 하라(딛 3:2).

은혜를 베풀며 꾸어 주는 자는 잘 되나니 그 일을 정의로 행하리로다(시 112:5).

10 | 용서받을 기회

　미국에서 서부를 개척할 당시에 텍사스에서 이런 일이 있었다. 텍사스에서는 하도 살인사건이 많이 일어나 아예 살인자는 반드시 사형에 처한다는 법을 제정해 놓았다.

　어느 날 한 술집에서 젊은이들이 서로 어울려 술을 마시고 있었다. 한참 흥겨워진 술자리에서 갑자기 총성이 들렸다. 그 중에 한 젊은이가 옆에 앉은 친구를 권총으로 쏴 죽인 것이다. 그런데 놀라운 것은 총을 쏜 사람이 평소에 아주 선량한 사람으로 언제나 이웃들에게 칭찬을 많이 받던 젊은이였다.

　살인을 한 젊은이가 사형에 처할 운명이 되자 그 젊은이를 아끼는 많은 사람들이 구명운동을 시작했다.

　많은 지역 주민들의 간곡한 바람이 담긴 탄원서가 주지사에게 전해졌다. 탄원서를 읽은 주지사는 큰 감동을 받았다. 그래서 자신이 직접 그 청년을 만나 죄를 용서해 주겠다고 주민들에게 약속했다.

　그런데 그 청년은 죄를 짓고 난 뒤 성격이 완전히 변해버렸다. 그는 자기의 삶을 자포자기하여 비뚤어진 생각만 하고 나중에는 행동까지 난폭해졌다. 주지사가 사면장을 가지고 그를 면회하려고 했지만 그는 이를 거부했다. 여러 사람의 구명 운동 덕분에 죄를 용서받을 수 있는 큰 은혜를 그는 저버렸다. 결국 그는 사형으로 인생을 마칠 수밖에 없었다.

사람들은 자신이 지은 죄 때문에 모두 하나님의 심판을 받게 될 것이다.

그러나 그들은 죄 때문만이 아니라 그를 용서하려고 이 땅에 오셔서 십자가를 지신 예수 그리스도를 거절했기 때문에 용서받을 기회를 잃고 결국은 멸망의 길로 갈 수밖에 없다.

예화와 관련된 말씀

너희가 아는 바와 같이 그가 그 후에 축복을 이어받으려고 눈물을 흘리며 구하되 버린 바가 되어 회개할 기회를 얻지 못하였느니라(히 12:17).

서로 친절하게 하며 불쌍히 여기며 서로 용서하기를 하나님이 그리스도 안에서 너희를 용서하심과 같이 하라(엡 4:32).

11 | 가난한 자들의 이기심

프랑스의 어느 조그만 시골 마을에서 낙후된 마을 발전을 위한 주민총회가 열렸는데 좋은 착상들이 많이 나왔다.

그 중 결정된 사항은, 자기 집에 두 대 이상의 마차를 가지고 있는 주민은 한 대씩 마을을 위해 기부하자는 것과, 말과 마차를 보관할 창고가 있어야 하니까 헛간을 둘 이상 가진 사람은 그 중 하나를 마을에 내놓자는 제안이었는데 만장일치로 가결되었다.

이렇게 일사천리로 마을 공동재산이 불어나고 있던 중 그 마을에서 가장 가난한 주민이 머뭇거리면서 부끄러운 낯으로 일어나 제의했다.

"나는 마을을 위해 바칠 거라고는 아무 것도 없고, 닭 두 마리가 있을 뿐인데 그 중 한 마리를 내놓아 마을 발전에 조금이나마 보탬이 되고 싶은데 닭 두 마리 이상 있는 주민들은 한 마리씩 내놓기로 하면 어떻겠는가?"

막상 표결에 붙이자 만장일치로 찬성하던 사람들이 닭 두 마리 이상 가진 사람은 한 마리 씩 내자는 제안에 대해서는 반대 입장을 나타냈다.

왜 그랬을까?

그 마을 주민들 중에 말이나 마차를 내놓아야 할 만큼 많이 가진 사람은 몇 안 되었지만 닭은 누구나 한 마리 이상 다 갖고 있었던 때문이었다.

예화와 관련된 말씀

부하려 하는 자들은 시험과 올무와 여러 가지 어리석고 해로운 욕심에 떨어지나니 곧 사람으로 파멸과 멸망에 빠지게 하는 것이라(딤전 6:9).

너희는 유혹의 욕심을 따라 썩어져 가는 구습을 따르는 옛 사람을 벗어 버리고 오직 너희의 심령이 새롭게 되어 하나님을 따라 의와 진리의 거룩함으로 지으심을 받은 새 사람을 입으라(엡 4:22~24).

12 | 자격 없는 자를 위한 탄원

나폴레옹이 이끄는 병사들 중에 한 사람이 탈영을 했다가 붙들려 왔다.

그 병사는 이번이 두 번째의 탈영이었기 때문에 벌로써 최고형인 사형을 언도 받았다.

그런데 그의 어머니가 나폴레옹에게 달려와서 아들을 살려달라고 애절하게 탄원했다.

그러자 나폴레옹은 "두 번씩이나 탈영한 당신의 아들을 위해서 이런 탄원을 하는 것은 의롭지 않다"고 거절했다.

이때 그 어머니는 이렇게 말했다.

"황제시여, 저는 의를 베풀어 달라고 탄원하는 것이 아니라 폐하께 자비를 구하고 있습니다. 저는 자비를 탄원하고 있는 것이지 의를 탄원하는 것이 아닙니다."

이에 대해 나폴레옹은 단호하게 "한 번도 아닌 두 번씩이나 탈영을 한 당신의 아들은 자격이 전혀 없다."라고 뿌리쳤다.

그러나 어머니는 단념하지 않고 다시 엎드려 간절하게 빌었다.

"황제시여, 제 아들이 자격이 없기 때문에 긍휼을 구하는 것입니다. 자격이 없기 때문에 제 아들에게 자비를 구하는 것입니다. 자격이 있다면 제가 왜 긍휼과 자비를 구하겠습니까? 그러니 폐하, 제 아들에게 당신의 자비를 베풀어주십시오."

예화와 관련된 말씀

여호와여 내가 주께 대한 소문을 듣고 놀랐나이다 여호와여 주는 주의 일을 이 수년 내에 부흥하게 하옵소서 이 수년 내에 나타내시옵소서 진노 중에라도 긍휼을 잊지 마옵소서(합 3:2).

13 | 용서받아야 할 인간

 어느 날 존 웨슬레는 사람들에게 용서에 관한 설교를 하였다. 설교가 끝난 후에 그 자리에서 설교를 듣고 있었던 아주 거칠고 난폭하기로 소문난 한 장군이 웨슬레 앞에 나와서 말했다.
 "목사님, 그러나 나는 죽어도 나에게 총부리를 겨누는 사람들을 절대 용서할 수 없습니다."
 이때 웨슬레는 그 장군에게 이런 유명한 말을 했다.
 "장군님, 그렇다면 장군님은 앞으로 죽어도 죄를 짓지 마셔야 합니다."
 또한 존 웨슬레가 길을 가다가 한 친구를 만났다. 웨슬레는 그 친구가 오랫동안 어떤 사람과 원수로 지내고 있었다는 사실을 알고 있었다. 웨슬레가 친구에게 물었다.
 "아직도 그 사람을 미워하고 있는가?"
 그러자 그는 "그럼!"하고 당연하다는 듯 대답했다.
 웨슬레가 이제 그만 그를 용서하고 화해하기를 권면했지만 그 친구는 죽어도 그렇게 할 수 없다고 말했다.
 "그렇다면 좋네. 그럼 계속해서 그 사람을 미워하게. 하지만 자네가 알아두어야 할 것이 있네. 앞으로 자네는 절대로 다른 사람에게 미움 받을 짓을 해서는 안 되네. 혹시 그 상대가 자네처럼 용서할 줄 모르는 사람일줄 누가 알겠나?"

예화와 관련된 말씀

누가 누구에게 불만이 있거든 서로 용납하여 피차 용서하되 주께서 너희를 용서하신 것 같이 너희도 그리하고(골 3:13).

너희가 각각 마음으로부터 형제를 용서하지 아니하면 나의 하늘 아버지께서도 너희에게 이와 같이 하시리라(마 18:35).

너희는 스스로 조심하라 만일 네 형제가 죄를 범하거든 경고하고 회개하거든 용서하라(눅 17:3).

14 | 모두가 축복받는 용서

 존경받는 그리스도인이었던 아브라함 링컨(Lincoln, Abraham) 대통령은 언제나 그를 붙들고 늘어지면서 그에게 말할 수 없는 수모와 욕을 안겨주는 정적 한 사람이 있었다.

 그 사람은 사람들에게 "여러분, 우리는 고릴라를 보기 위해서 아프리카까지 갈 필요가 없습니다. 일리노이의 스프링필드에 가면 오리지널 고릴라를 볼 수가 있습니다"라며 링컨을 욕되게 하였다.

 그가 그렇게 말한 이유는, 스프링필드가 링컨의 고향과도 같은 곳이고 링컨의 생김새가 고릴라 같았기 때문에 빗대어 말한 것이다.

 그런데 링컨은 대통령으로 당선된 후 내각을 조직하면서 가장 중요한 국방부장관 자리에 바로 이 사람을 임명하였다. 모든 참모들은 링컨의 이런 개편에 충격을 받고 놀라지 않을 수 없었다.

 참모들이 링컨에게 어떻게 당신의 적을 그런 중요한 자리에 앉힐 수 있냐고 물었더니 링컨은 이렇게 대답했다.

"이제 그 사람이 적이 아니지 않소. 나는 적이 없어져서 좋고, 그가 나를 돕게 되었으니 내가 저 사람에게 도움을 받아서 좋지 않소. 내가 이 사람을 용서하고 중요한 자리에 임명한 것으로 인해서 내가 도대체 무엇을 잃었단 말이오?"

복수는 복수하는 사람과 복수 당하는 사람 모두를 파멸시킨다. 그러나 용서는 하는 사람과 받는 사람 모두를 축복한다.

복수를 해서 승리를 얻는 것이 아니라 용서함으로 링컨은 진정한 승리자가 되었다.

예화와 관련된 말씀

노하기를 더디 하는 것이 사람의 슬기요 허물을 용서하는 것이 자기의 영광이니라(잠 19:11).

15 | 사람을 변화시키는 용서

어느 날 영국의 웰링턴 제독이 자기의 병사 가운데서 구제 불능인 병사 하나를 사형시키게 되었다.

그는 마지막 순간에 이런 이야기를 했다.

"나는 너를 가르치려 했지만 너는 그 가르침을 받지 않았고 다시 너를 징계하여 고치려 했지만 그 징계도 너의 삶을 돌이키지 못했다. 그리고 내가 너를 감옥에 가두기까지 했지만 너는 끝까지 반성하지 않았다. 이제 할 수 있는 일은 단 하나밖에 없다. 그것은 너를 사형하는 길이므로 사형을 집행한다."

이때 그 병사의 친구가 갑자기 뛰어들어 와 이렇게 말했다.

"웰링턴 제독님, 하지만 제독님이 저 병사에게 안한 것이 꼭 한 가지 있습니다. 각하께서는 저 친구를 용서하지 않으셨습니다."

이 친구의 말에 제독은 마음에 감동을 받아 사형을 취소하고 그를 용서했다.

"용서한다. 내가 조건 없이 너를 용서한다."

그 다음부터 이 병사는 완전히 달라져 새사람이 되었다. 용서는 사람을 변화시킨다.

예화와 관련된 말씀

우리가 우리에게 죄 지은 모든 사람을 용서하오니 우리 죄도 사하여 주시옵고 우리를 시험에 들게 하지 마시옵소서 하라(눅 11:4).

너희가 각각 마음으로부터 형제를 용서하지 아니하면 나의 하늘 아버지께서도 너희에게 이와 같이 하시리라(마 18:35).

만일 하루에 일곱 번이라도 네게 죄를 짓고 일곱 번 네게 돌아와 내가 회개하노라 하거든 너를 용서하라 하시더라(눅 17:4).

16 | 거울에 비춰보기

 한국의 교파들 가운데 나사렛성결교회가 있다. 다른 단체들과 마찬가지로 나사렛성결교회도 성장과 더불어 여러 가지 갈등을 겪게 되었다. 이런 갈등을 해결하기 위해 1971년 8월말 한국의 나사렛교회 교역자와 선교사들이 한자리에 모였다. 분위기는 매우 험악했고 이 모임이 어떤 방향으로 흐를지 아무도 몰랐다. 몇몇 사람은 이 문제를 가지고 여러 날 동안 기도해왔다.

 이날 설교자였던 한 선교사는 자신이 가지고 온 보따리를 가리키면서 그 안에 교단에 갈등을 일으킨 사람들의 사진이 들어있다고 말했다. 설교가 끝날 때쯤 그는 그 사람들을 보기 원하느냐고 물었다. 많은 사람이 그렇다고 대답했다. 선교사는 문제의 인물들을 보기 원하는 사람들은 앞으로 나오라고 말했다. 한 사람씩 앞으로 나오기 시작했다. 선교사는 보따리에서 커다란 거울을 꺼냈다. 그러나 거울에는 문제의 인물은 보이지 않고 문제의 인물을 보려고 나온 사람들의 모습만 비춰졌다. 성령께서 이 거울을 사용하셔서 자신의 모습을 보게 하셨다. 사람들은 거울을 통하여 자신들의 잘

못, 분노, 고통 등을 보았다. 그리고 하나님 앞에 잘못을 고백했다. 그때 선교사 한 사람이 바구니에 향기 나는 흰 꽃들을 담아가지고 나와 참석자들에게 한 송이씩 나누어주면서 "이 꽃에는 세 가지 의미가 있다"고 설명했다.

"첫째, 내가 당신에게 잘못한 것이 있다면 정말로 죄송하며 당신의 용서를 빈다. 둘째, 만일 당신이 내게 잘못한 것이 있다면 나는 당신을 용서할 것이며 이미 용서했다는 것을 당신이 알기를 원한다. 셋째, 이 꽃은 내가 당신을 사랑하며 앞으로도 한국에 성결의 복음을 전하기 위해서 함께 일하기를 원한다는 표시다."

모든 사람이 일어나 "주 믿는 형제들, 사랑의 사귐은 천국의 교제 같으니 참 좋은 친교라"는 찬송을 불렀다. 어떤 사람이 저녁에 기도회를 갖자고 제안했다. 아무런 설교도 없이 하루 저녁을 기도하며 보냈다. 이것을 계기로 오랫동안 지속됐던 갈등은 사라지고 새롭게 출발할 수 있게 되었다.

예화와 관련된 말씀

오직 성령의 열매는 사랑과 희락과 화평과 오래 참음과 자비와 양선과 충성과(갈 5:22).

17 | 웨일즈의 부흥은 회개로 시작되다

 영국 웨일즈의 위대한 부흥은 한 작은 교회의 부인의 회개를 통해서 일어났다. 어느 날 이 부인이 주기도문을 하다가 그는 그것을 끝낼 수가 없었다.

 "우리가 우리에게 죄지은 자를 사하여 준 것같이..."

 이 대목에 이르러 더 계속할 수가 없었던 것이다. 그가 미워하고 있는 한 형제의 얼굴이 떠올랐기 때문이었다.

 그는 기도를 중단했다.

 그는 부질없는 봉사를 중단했다.

 그는 예배를 중단했다.

 그리고 그는 나갔다. 오랫동안 찾아보지 않았던 형제를 만났다. 그리고 그분의 잘못을 지적한 것이 아니라 자기의 죄를 회개한 것이다.

 '우리의 갈등은 당신의 책임이라고 말한 것이 아니라 나의 책임이라고' 그 여자는 자백하기 시작했던 것이다.

 "그리스도 안에서 하나님 사랑으로 형제를 사랑하지 못했던 내 죄를 회개합니다."

 그때 하나님은 이 두 사람을 묶었다.

그 교회 속에는 부흥이 일어났다.

그것은 웨일즈라는 도시에 부흥을 가져오는 하나님의 위대한 부흥의 불길로 타올랐다.

예화와 관련된 말씀

우리가 우리에게 죄 지은 자를 사하여 준 것 같이 우리 죄를 사하여 주시옵고(마 6:12).

만일 우리가 우리 죄를 자백하면 그는 미쁘시고 의로우사 우리 죄를 사하시며 우리를 모든 불의에서 깨끗하게 하실 것이요(요일 1:9).

18 | 용서

　인도의 성자 마하트마 간디도 어렸을 적에는 일반 소년들처럼 평범한 아이로 자랐던 것 같다. 하루는 친구들과 함께 놀다가 근처에 있는 가게에서 구워 파는 양고기가 어찌나 먹고 싶었던지 궁리 끝에 집에 돌아와서 엉뚱한 일을 저지르고 말았다.

　몰래 아버지의 침실로 들어가서 장롱을 뒤져 동전 몇 푼을 꺼내들고 상점으로 달려가 고기 몇 점을 사먹었다. 그것이 너무 맛이 있어서 단번에 먹어 치우기는 하였지만 저녁이 되어 집에 돌아온 그는 잠자리에 누웠으나 마음에 걸려 잠을 이룰 수가 없었다.

　한동안 이불 속에서 뜬눈으로 이리 구르고 저리 굴러도 잠이 오지 않았다. 어떻게 하면 좋을까? 그는 고통스럽게 밤을 지새우기보다 차라리 벌을 받을지언정 정직하게 고백하는 편이 나으리라는 생각이 들었다. 그러나 늦은 밤에 아버지께 찾아가 직접 말씀드리기가 어려워서 작은 종이조각에 몇 줄을 적어서 그것을 돌돌 말아가지고 아버지의 침실 문 열쇠구멍에 끼워 넣고 돌아오니 한결 마음이 가벼워지는 것

같았다.

그 이튿날 새벽이 밝았다. 그는 잠에서 깨자 어쩐지 아버지가 노한 모습으로 달려오실 것 같은 예감이 들어 급히 아버지의 침실 쪽으로 향해 갔다. 가서 보니 열쇠구멍에 꽂혔던 종이조각은 없어지고 그 구멍을 통해 방안을 살피니 아버지께서 그 종이조각을 읽으시며 눈물을 닦으시는 모습이 보였다.

그때 그는 더 오래 지체할 수가 없어서 방문을 열고 들어가서 그의 잘못을 정직하게 고백하였고 아버지는 그를 꼭 껴안아 뜨거운 사랑을 표시하였다고 한다.

후에 그는 성인이 되어 이때의 경험을 회고하면서 아버지의 용서하여 주시는 얼굴을 보면서 하나님의 인자하신 얼굴을 발견할 수 있었다고 술회하였다.

예화와 관련된 말씀

부모의 물건을 도둑질하고서도 죄가 아니라 하는 자는 멸망받게 하는 자의 동류니라(잠 28:24).

19 | 사랑할 수 없는 사람을 사랑할 수 있는 힘

'주는 나의 피난처' 라는 책을 쓴 코리 텐 붐(Corrie Ten Boom)의 간증 속에 실린 감동적인 한 토막 이야기이다.

코리 텐 붐은 그의 가족 모두가 유태인들을 숨겨 주었다는 이유로 체포되어 독일에서 2차 세계 대전이 끝날 때까지 수용소 생활을 했다. 라벤스브룩이라는 참혹한 수용소에서 가족들은 모두 죽고, 독일의 패전으로 코리 텐 붐만이 기적적으로 살아 나오게 되었다. 감옥에서 나온 이 여인의 마음에 하나님께서는 한 가지 사명을 주셨다. 하나님은 그녀에게 자기를 핍박하고 가족들을 잔혹하게 죽인 독일 사람들에게 하나님의 말씀을 전하라는 부담을 주셨다. 그녀는 하나님의 사명에 순종하여 독일 마을과 도시를 찾아다니면서 간증집회를 시작했다. 그 집회로 인하여 죄책감 가운데 사로 잡혔던 수없이 많은 독일 사람들이 죄에서 자유를 얻었고, 하나님 앞에 돌아오는 놀라운 부흥의 역사가 일어났다.

한 번은 코리 텐 붐이 독일의 시골 도시에서 말씀과 간증을 모두 마치고 사람들과 인사를 하는데, 그 사람들 중에 어떤 한 사람이 그녀의 온 몸을 얼어붙게 만들었다. 그 사람은 감옥에서 자기 언니 벳시가 죽는 데 결정적인 역할을 했던 라벤스브룩의 수용소 간수였던 것이다.

'하나님, 저 사람은 안 돼요. 저 사람만은 용서할 수 없어요. 할 수 없어요. 저 사람만은 안돼요.'

그러나 하나님께서는 부정할 때마다 계속해서 '사랑하라. 그것은 명령이다'라고 말씀하셨다. 순간 그녀는 하나님의 명령을 깨달아 '하나님, 저는 그를 사랑하고 싶은 마음이 없었습니다. 사랑할 용기도 없었습니다. 그러나 주님의 명령이라면 해 보겠습니다'라고 고백했다. 어느새 그 사람이 자기 눈앞에 다가오자, 그녀는 사랑의 감정 없이 그에게 손을 내밀고 그를 끌어안았다. 그런데 바로 그 순간 하나님은 그녀의 마음에 그를 사랑할 수 있는 넉넉한 감정을 부어주셨다. 그녀는 그 간수를 솔직히 사랑할 수 없었지만 하나님의 명령 앞에 순종하기로 결단한 순간, 사랑할 수 있는 능력을 주님께서 주셨다.

예화와 관련된 말씀

무엇보다도 뜨겁게 서로 사랑할지니 사랑은 허다한 죄를 덮느니라(벧전 4:8).

20 | 마음의 병

어느 부부가 이혼을 하면서 여섯 살 난 아들을 다른 집에 양자로 보냈다. 아이는 그 후 양부모 밑에서 자랐다. 양부모는 걸핏하면 아이를 때리고, 심지어는 아이만 집에 남겨 두고 며칠씩 부부만 여행을 다녀오기도 했다. 양부모에게 학대를 받으면 받을수록 아이는 자기를 버리고 떠나간 부모를 원망했다. 아이는 12살 때부터 가슴에 무기를 품고 다녔다. 자신을 버린 친부모를 찾아 복수를 하기 위해서였다.

그가 22세가 됐을 때 가슴에 차곡차곡 쌓인 원한은 위를 파괴시키는 지경에 이르렀다. 그는 병원에서 위절제 수술을 한 뒤 퇴원했으나 8개월 만에 다시 입원하여 남은 위의 절반을 잘라 내야만 했다. 그럼에도 불구하고 그는 6개월 만에 세번째로 입원하고 말았다.

병원에서는 그에게 수술이 아니라 정신과적인 치료가 필요하다는 결론을 내렸다. 그래서 상담을 통한 치유의 과정이 시작됐다. 상담 결과 놀라운 사실이 발견됐다. 자신을 버린 부모에 대한 원한에서 이 병이 비롯된 것이므로 친부모를 만나 용서하고 화해해야 한다는 것이었다.

수소문 끝에 가까스로 그의 어머니를 찾아낼 수 있었다. 그의 아버지는 이미 세상을 떠난 뒤였다. 상담실 목사가 그들의 만남을 주선했을 때 아들은 며칠 동안 그의 어머니를 쳐다보려고도 안했다.

그러나 그의 어머니는 아들에게 용서를 빌면서 하염없이 울었다. 사흘 만에 아들은 어머니의 가슴에 얼굴을 묻고 울기 시작했다. 그렇게 며칠을 붙들고 울던 모자는 마침내 서로를 진정으로 받아들일 수 있었다.

그때부터 아들의 위에 이상한 변화가 일어나기 시작했다. 위벽을 녹이던 강한 산성의 소화액이 줄어들면서 스스로 치유되기 시작했던 것이다. 얼마 후 아들은 완치되었다. 세 번째 위절단 수술을 할 정도로 치명적이었을 아들의 건강상태가 어머니를 만나 진정한 화해를 이룸으로써 새로운 생명력을 얻게 된 것이었다.

예화와 관련된 말씀

너희가 무슨 일에든지 누구를 용서하면 나도 그리하고 내가 만일 용서한 일이 있으면 용서한 그것은 너희를 위하여 그리스도 앞에서 한 것이니(고후 2:10).

21 | 인내의 사람

미국의 저명한 흑인 과학자요, 작가요, 교육가인 부커 텔리아페로 워싱턴(1859-1915)은 인내의 사람이었다.

그는 대학에 가서 공부하고 싶었으나 흑인이라고 받아주는 학교가 없었다. 다행히도 흑인도 입학시켜 주는 대학이 있음을 알고 수백 마일을 걸어서 찾아갔다.

그러나 학교에 도착하니 이미 모집정원이 차서 허락할 수 없다고 했다. 그는 며칠을 돌아가지 않고 애원하고 또 애원하여 그 대학의 청소부로 기용됐다. 그런데 그가 어찌나 일을 성실히 하던지 대학 측에서 감동을 받아 그에게 입학을 허락해 주었다.

그는 많은 고난과 어려움이 닥쳐와도 조금도 굴하지 않고 끝까지 해낸 사람이다. 그는 나중에 과학자로서 한 가지 결과를 얻기 위해 700번 실험을 하였으나 실패했다.

어떤 사람이 그에게 실망이 되지 않느냐고 물어보았다.

그때 그는 빙긋이 웃으면서 대답했다.

"이로써 700번의 실험이 내가 아는 지식이나 방법이 성공적이 아님을 증명하였습니다."

그는 실패와 좌절이 되풀이 될 때마다 성공이 그 속에 깊숙이 숨어있다고 생각하고 또다시 묵묵히 걸어온 길을 살피고 수정하여 새로운 방향을 잡았다.

예화와 관련된 말씀

보라 인내하는 자를 우리가 복되다 하나니 너희가 욥의 인내를 들었고 주께서 주신 결말을 보았거니와 주는 가장 자비하시고 긍휼히 여기시는 이시니라(약 5:11).

또 형제들아 너희를 권면하노니 게으른 자들을 권계하며 마음이 약한 자들을 격려하고 힘이 없는 자들을 붙들어 주며 모든 사람에게 오래 참으라(살전 5:14).

22 | 참을성 없는 아브라함

히브리 사람들이 읽는 민화집에 이런 이야기가 있다.

어느 날 아브라함이 저녁 무렵 텐트 바깥에 나와서 앉아 있었다. 그런데 멀리서 80세가량 되어 보이는 노인이 터벅터벅 절뚝거리면서 아브라함이 있는 쪽으로 걸어온다. 그 노인은 피곤한 표정, 남루한 옷차림, 거지에 가까운 옷차림이었다. 그는 무척 배고파 보였다. 그리고 그의 얼굴은 아주 찌들은 모습이었다.

이 80세 된 노인이 아브라함에게 오더니 "당신 장막에서 하루 밤 쉬어 갈 수 있겠소?"라고 묻는다. 아브라함은 하나님의 사람이라 "그러세요? 들어오세요. 저희 장막에서 쉬어 가시죠"라고 흔쾌히 허락했다. 그리고 이 노인장의 발을 정성스럽게 물로 씻겨 주었다. 그리고 식사를 준비해서 대접했다. 그런데 이 노인이 기도를 안 하고 식사를 하는 것이었다. 그러한 그의 태도에 화가 난 아브라함은 노인에게 "하나님께 감사기도를 하고 식사하시죠?"라고 말했다. 그러니까 이 노인은 "하나님이요? 나에게는 음식이 바로 하나님이요"라고 대꾸했다. 더욱 더 화가 난 아브라함은 "노인장, 나는 노인장 같은 노인은 우리 집에서 모시고 싶지 않소"라고 말하고 쫓아버렸다.

그날 밤 아브라함이 자고 있는데 하나님이 나타나셨다.

"아브라함아!"

"네, 하나님."

"오늘 저녁에 너희 집에 손님이 왔지?"

"네, 그랬었습니다."

"왜 쫓아냈니?"

"아, 하나님도 보셨군요. 아시잖아요? 하나님을 모독하고, 음식이 하나님이라고 하는데 전 도저히 참을 수 없었습니다. 그래서 그냥 쫓아냈습니다."

하나님께서 아브라함에게 이렇게 말씀하셨다.

"아브라함아, 나는 말이야. 그 노인을 80년이나 참았는데. 너는 말이야, 하루 저녁, 그리고 한 시간도 참을 수가 없었더냐?"

예화와 관련된 말씀

너희의 인내로 너희 영혼을 얻으리라(눅 21:19).

23 | 현재에 충실

 11세기 독일에 살았던 왕 하인리히 3세는 어느 날 왕궁 생활에 대한 깊은 회의와 허무를 느껴 수도사가 되기로 결심했다. 그래서 그는 수도원을 찾아가 수도원장에게 수도사가 되기를 원한다고 말했다. 수도원장은 그가 수도사가 되려는 동기가 올바르지 않다며 한 가지 질문을 던졌다.

 "폐하, 수도사가 되기 위해서는 반드시 지켜야할 규율이 있는데 그것은 바로 절대적인 순종입니다. 수도사가 되려면 폐하도 이 규율을 지켜야 합니다. 하나님의 어떠한 명령에도 절대적으로 순종할 수 있습니까?"

 "그렇소!"

 "우리 수도원에서 말하는 하나님께 대한 순종이라는 것은 구체적으로 이 수도원 원장인 저와 이 수도원에서 지도하는 모든 스승들에 대한 절대적인 순종을 요구합니다. 거기에도 순종할 수 있습니까?"

 "알겠소. 그렇게 하겠소."

 "그러면 이제 첫 번째 명령을 내리겠습니다. 폐하는 다시 왕궁으로 돌아가셔서 백성 다스리는 일을 잘 하시기 바랍니다. 백성을 잘 다스리지 못하는 자는 하나님을 위한 수도사가 될 수 없습니다."

우리가 하나님께서 우리에게 주신 삶의 자리에서부터 인내하고 하나님을 신뢰하고 살아간다면 장차 우리에게 어떠한 환경이 찾아오더라도 승리할 수 있다.

예화와 관련된 말씀

생각하건대 현재의 고난은 장차 우리에게 나타날 영광과 비교할 수 없도다(롬 8:18).

24 관용을 알게 하라

이안 맥라렌(Ian MacLaren)으로 잘 알려져 있는 존 왓슨 목사가 처음으로 목회를 시작했을 때 일이다.

그는 원고 없이 설교하기로 마음먹었다. 그래서 간단한 메모만을 적은 종이 한 장을 들고 강단에 서게 되었다. 그러나 중간에 말할 내용이 떠오르질 않아 여러 번 당황하게 되었고 그럴 때면 "여러분, 이 부분이 잘 생각나지 않는군요. 지난 토요일, 설교 준비를 할 때는 분명했었는데… 자, 다시 하겠습니다."라고 말하곤 했다. 그런데도 교인들은 초조해하거나 짜증내는 일이 전혀 없었다.

어느 날, 주일예배가 끝났을 때였다. 바싹 마르고 나이가 꽤 든 어떤 교인이 그에게 다가와 말했다.

"목사님, 앞으로 설교 내용이 잘 기억나지 않을 땐 우리에게 찬송가를 한 곡 지정해 주십시오. 목사님이 설교에 대해 생각하는 동안 저희들은 찬송을 부를게요. 저희 모두는 목사님을 사랑하고 목사님을 위해 기도한답니다."

그로부터 오랜 세월이 흐른 뒤 왓슨 목사는 다음과 같이 말했다.

"오늘날, 내가 이렇게 목회자로 설 수 있었던 것은 그때 그 시골 교인들이 보여 주었던 자비심과 온정 때문이었습니다. 그들이야말로 진정한 신자며 기독교인이었습니다."

관용의 모습은 아름다운 것이다.

예화와 관련된 말씀

아무도 훼방하지 말며 다투지 말며 관용하며 범사에 온유함을 모든 사람에게 나타낼 것을 기억하게 하라(딛 3:2).

너희 관용을 모든 사람에게 알게 하라 주께서 가까우시니라 (빌 4:5).

25 | 족하나이다

어떤 사람이 하나님께 요구했다. 자신의 쌀 항아리를 채워 주시고, 과일 상자를 채워 주시고, 고기 광주리를 채워 주시라고…. 하도 졸라대는 통에 하나님이 그것을 허락해 주셨다. 그가 쌀 항아리 앞으로 가면 쌀이 저절로 생겼다. 쌀 항아리에 쌀을 떠 담는 그는 신이 났다.

한참 쌀을 담다 보니 쌀 항아리는 커지는데, 과일 상자가 그대로인 게 불만이었다. 그래서 과일 상자 앞에 섰더니 과일이 생기고 상자가 커졌다. 그러나 고기 광주리가 그대로였다. 그래서 고기 광주리 앞으로 갔다.

이제 고기도 생기고 광주리도 커졌으나, 다시 보니 쌀 항아리가 작아 보였다. 그래서 쌀 항아리로 뛰어갔다. 그리고는 과일 상자로, 또 고기 광주리로 이렇게 숨 가쁘게 채우다 보니 죽는 날이 다가왔다.

그는 그제서야 문득 깨달았다. 자신이 게걸스러운 거지처럼 살아왔다는 사실을.

그는 하나님께 이렇게 항의했다.

"어찌, 이렇게 거지처럼 살게 하셨습니까?"

하나님은 대답하셨다.

"그건 내 탓이 아니라 네 탓이다. 꽉 차지 않았어도 족할 줄 알았더라면 그렇게 살지 않았을 것을…"

아무리 많은 것을 가지고 있어도 만족할 줄 모르는 사람은 가난한 사람에 불과하다. 인간이 가진 욕심 항아리는 그 밑이 뚫려 있다. 자기 형편에 불만만 가진 사람은 참으로 불행한 사람이다. 하나님이 오늘 내게 주신 환경에 우선 감사하면서 나아가는 사람이 내일의 주인공이 될 수 있다.

예화와 관련된 말씀

돈을 사랑하지 말고 있는 바를 족한 줄로 알라 그가 친히 말씀하시기를 내가 결코 너희를 버리지 아니하고 너희를 떠나지 아니하리라 하셨느니라(히 13:5).

여호와는 나의 목자시니 내가 부족함이 없으리로다(시 23:1).

02
오직 겸손한 마음으로

아무 일에든지 다툼이나 허영으로 하지 말고 오직 겸손한 마음으로 각각 자기보다 남을 낫게 여기고(빌 2:3).

01 외줄로 연주한 파가니니

 위대한 바이올린 연주자 파가니니가 각계 저명인사들이 모여 있는 자리에서 연주를 할 때 갑자기 바이올린 줄이 한 가닥 끊어져 버렸다.

 청중들은 모두 매우 놀랐지만 그는 전혀 동요됨 없이 나머지 세 줄로 계속 연주를 하였다. 그런데 갑자기 또 한 줄이 끊어져 나갔다. 하지만 그래도 파가니니는 전혀 당황하지 않고 연주를 계속하였다.

 그런데 날카로운 파열음과 함께 줄이 한 가닥 더 끊어져 나갔다. 청중은 당황하여 말을 못하고 조용히 그 자리에 못 박힌 듯 앉아 있었다.

 그러자 그는 잠시 연주를 멈추고 한 손에 그 유명한 스트라디바리우스 바이올린을 높이 치켜들고 "외줄 바이올린과 파가니니"하고 말하더니 혼신의 힘을 기울여 정말 그 누구와도 견줄 수 없는 고도의 기술로 한 줄만을 가지고 연주를 하였다.

 단 한 군데도 틀리지 않고 끝까지 완벽하게 연주해 내었다. 청중은 그에게 열화와 같은 기립 박수를 보냈다.

당신이 목표를 향하여 정진할 때에 때로 이처럼 줄이 연달아 끊어져 나가는 때가 있을 것이다. 그러나 결코 중도에서 멈추지 마라.

계속 꾸준히 나아가라!

그때에 당신의 마음 가운데 영원히 거하시는 하나님께서 나타나셔서 당신에게 큰 힘을 주실 것이다.

예화와 관련된 말씀

범사에 기한이 있고 천하만사가 다 때가 있나니(전 3:1).

푯대를 향하여 그리스도 예수 안에서 하나님이 위에서 부르신 부름의 상을 위하여 달려가노라(빌 3:14).

02 | 교만과 겸손

세종대왕 때 우의정, 좌의정을 역임한 맹사성은 인덕과 지혜가 뛰어난 재상이었다. 그러나 그가 처음부터 그런 것은 아니었다. 열아홉 살에 장원급제를 하였고 경기도 파주 군수가 된 맹사성은 자만심으로 가득 차 있었다. 그러던 어느 날 학문이 깊은 도승이 있다는 소문을 듣고 그를 찾아갔다.

"스님께서는 인생의 도리를 잘 아시오니 제가 정사를 돌보는 일에 도움이 될 귀중한 말씀을 하교하여 주시옵소서."

그러자 도승은 이렇게 말했다.

"그거야 어렵지 않지요. 절대로 나쁜 일은 하지 말고 선을 많이 베푸십시오. 그러면 성공할 것입니다."

이에 화가 난 맹사성이 한마디 내뱉었다.

"아니, 그건 삼척동자도 다 아는 이치인데, 먼 길을 온 나에게 해 줄 말이 고작 그것뿐이란 말이오?"

맹사성이 그 자리에서 벌떡 일어났다.

"앉으시오. 이곳까지 왔는데 차도 한 잔 마시지 않고 떠나시면 얼마나 섭섭하겠소. 자, 차 한 잔 받으시지요."

그러면서 찻잔을 맹사성 앞에 내밀었다. 스님이 찻잔에 차를 부었다. 그런데 찻잔에 물이 가득 차서 넘치는데도 계속해서 붓는 것이다. 맹사성이 소리쳤다.

"스님, 물이 넘쳐 방바닥을 망치고 있습니다."

그래도 스님은 "알고 있소"하면서 태연하게 주전자의 물을 다 부었다.

"이보시오. 어찌 물이 넘쳐 방바닥을 적시는 것은 알면서, 지식이 넘쳐 인품을 망치는 것은 모르십니까?"

이 말 한마디가 맹사성에게 큰 깨달음을 주었고, 맹사성은 그 자리에 엎드려 사과했다. 맹사성은 자신이 아직도 수양이 덜 된 사람인 것을 깨닫고 일어섰다. 그런데 밖으로 나가려다가 이번에는 위쪽 문지방에 이마를 세게 부딪치고 말았다. "아이쿠!" 하며 나자빠지는 맹사성을 행해 "누구나 고개를 숙이면 부딪치는 법이 없소이다."

그때부터 맹사성은 모든 사람에게 겸손히 대하여서 존경받는 인물이 되었다는 것이다.

예화와 관련된 말씀

네가 낮춤을 받거든 높아지리라고 말하라 하나님은 겸손한 자를 구원하시느니라(욥 22:29).

03 | 죽을지어당!

 세종대왕 때 정치가 맹사성은 늘 허술한 차림으로 민간의 사정을 살피고 다녔다. 그의 외모는 워낙 촌부 같아서 사람들은 그를 잘 알아보지 못했다. 하루는 성묘 차 온양을 다녀오는 길에 비를 만났다. 그래서 용인의 어느 주막에 들게 되었다. 그런데 마침 그곳에 호화로운 선비의 행차가 있어 맹사성은 방을 얻지 못하고 한 모퉁이에 쭈그리고 앉아 비를 피하고 있었다. 지루하게 앉아 있을 때 한 선비가 함께 바둑이나 두자고 해서 그는 대청마루에 올랐다. 서로가 초면이므로 상대를 어떻게 불러야 할지 몰라 망설이고 있을 때 맹사성이 먼저 제의를 했다.

 "우리는 서로 묻는 말에는 마지막에 '공'을 붙이고, 대답 끝에는 '당'을 붙이기로 합시다."

 "좋습니다."

 맹사성이 먼저 물었다.

 "어디로 가는공?"

 "서울로 간당."

 "무엇하러 가는공?"

"벼슬하러 간당."

"무슨 벼슬인공?"

"녹사취재 벼슬이당."

"내가 힘써 줄공?"

"자네 같은 촌부는 택도 없는 소리당."

이렇게 환담을 하며 바둑을 둔 두 사람은 헤어졌다. 그 후 선비는 서울로 올라와 녹사취재 벼슬을 얻어 3정승 6조 판서가 모인 정청으로 신고 차 방문을 했다. 감히 얼굴도 못 들며 쩔쩔매고 있는 선비를 본 맹 정승은 이렇게 말을 건넸다.

"어찌 된 일인공?"

낯익은 목소리에 선비가 얼굴을 들어보니 그 촌부가 바로 금관조복의 좌의정 맹사성이었다. 촌부인 줄로만 알고 무례히 대했던 그 선비는 어쩔 줄을 몰라서 "죽을지어당!" 하고 대답을 했다. 그 후로 이 선비는 맹사성의 지도로 청백한 관리가 되었다고 한다.

예화와 관련된 말씀

만일 너희가 외모로 사람을 취하면 죄를 짓는 것이니 율법이 너희를 범죄자로 정하리라(약 2:9).

04 | 교만했던 원님

조선 영조 때 이종성이란 정승이 있었다. 그는 틈만 나면 낚시질을 다녔는데, 어느 무더운 여름날 낚시질을 하다가 배가 고파서 주막에 들어갔다. 그곳에서 보리밥을 시켜 놓고 한참 점심을 먹는데, 마침 이웃 고을의 원님이 부임행차를 하다가 주막에 들러 식사를 하게 되었다. 그런데 이 원님이 거드름을 피우며 자리를 잡고 앉아서 허름한 복장의 정승에게 물었다.

"이보게, 노인장. 그 보리밥이 맛있소?"

정승이 대답했다.

"예, 보리밥이 참 맛있습니다."

원님은 "그래? 내 맛 좀 보겠노라"하고는 정승의 허락도 없이 대뜸 보리밥을 퍼서 입 속에 넣었다. 그리고서 보리밥을 조금 씹어 보더니 "아니, 이걸 밥이라고 먹나?"하며 씹던 보리밥을 그 자리에서 뱉어 버렸다. 얼마나 무례한 행동인가? 교만이 하늘을 찌른 것이다. 어이가 없던 정승은 집으로 돌아오자마자 하인을 보내어 그 원님을 데려오라고 했다.

하인이 가서 "우리 정승께서 원님을 좀 뵙자고 하십니다."

라고 말하자 원님은 잔뜩 긴장하고 정승 댁을 찾아갔다. 정승이라면 감히 얼굴도 쳐다볼 수 없는 터여서 머리를 땅에 박고 쩔쩔맸다. 그러자 정승이 소리를 쳤다.

"고개를 들라!"

원님이 고개를 들어 보니까 그 정승은 주막집에서 보리밥을 먹던 노인이 아니겠는가? 원님은 사색이 되어 빌었다.

"대감님, 죽을 죄를 지었습니다. 살려만 주십시오."

그때 대청 위에서 차가운 목소리가 떨어졌다.

"그대는 한 고을의 수령으로서 두 어깨에 큰 책임을 진 사람이거늘 어찌 백성들이 먹는 보리밥을 맛이 없다고 뱉어 버리는가? 그리고 어찌 사람 위에 사람 있는 줄 모르고 그토록 거만한 행동을 할 수 있는가? 내가 몰랐으면 모르되 안 이상 이대로 둘 수가 없노라. 당장 벼슬을 내놓고 고향으로 돌아가라."

원님은 정승의 호된 명령에 벼슬을 내놓고 귀향을 했다.

예화와 관련된 말씀

교만은 패망의 선봉이요 거만한 마음은 넘어짐의 앞잡이니라 (잠 16:18).

05 디오게네스의 침

철학자 디오게네스(*Diogenes*)의 일화이다. 그리스 철학자 디오게네스는 느끼고 생각한 것을 그대로 행동에 옮기는 사람이었다. 그는 자족과 무치(無恥)가 행복에 필요하다고 말하고, 반문화적이고 자유로운 생활을 실천하였다. 그는 정말 아무 것도 소유하지 않고 그야말로 거지와 같은 생활을 했다.

어느 날 그 동네의 벼락부자가 디오게네스의 명성을 듣고 그를 자신의 집으로 초대했다.

디오게네스는 그 초대에 응하여 벼락부자 집으로 갔다. 벼락부자의 집은 졸부답게 입구에서부터 온통 값비싼 대리석과 금으로 번쩍거렸다.

벼락부자는 디오게네스를 초대해 놓고선 그에게 말할 기회를 단 1분도 주지 않고 자기 집안 자랑을 늘어놓았다.

그런데 갑자기 디오게네스가 주위를 두리번거리더니 "퉤!" 하고 벼락부자의 얼굴에 침을 뱉었다.

명성이 자자한 철학자의 이 어이없는 행동에 놀라 당황해 하는 부자에게 디오게네스는 말했다.

"그대의 집과 정원은 정말로 훌륭하네. 이렇게 아름답고 깨끗한 집에서 내가 침을 뱉을 곳이란 자네 얼굴 밖에 없네. 거만과 탐욕으로 가득 찬 자네의 얼굴이 곧 쓰레기통이니까?"

예화와 관련된 말씀

네 자랑하는 말이 어떻게 사람으로 잠잠하게 하겠으며 네가 비웃으면 어찌 너를 부끄럽게 할 사람이 없겠느냐(욥 11:3).

우리가 모압의 교만을 들었나니 심한 교만 곧 가의 자고와 오만과 자랑과 그 마음의 거만이로다(렘 48:29).

여호와께서 이와 같이 말씀하시되 지혜로운 자는 그의 지혜를 자랑하지 말라 용사는 그의 용맹을 자랑하지 말라 부자는 그 부함을 자랑하지 말라(렘 9:23).

06 | 겸손하게 십자가를 지라

 낙타는 하루를 시작하고 마칠 때마다 주인 앞에 무릎을 꿇는다고 한다.

 즉, 하루를 보내고 일을 끝마칠 시간이 되면 낙타는 주인 앞에 무릎을 꿇고 등에 있는 짐이 내려지길 기다리며, 또 새 날이 시작되면 또다시 주인 앞에 무릎을 꿇고 주인이 얹어 주는 짐을 짊어지는 것이다.

 주인은 낙타의 사정을 잘 한다. 그렇기 때문에 낙타가 짊어질 수 있을 만큼만 짐을 얹어 준다. 낙타는 주인이 얹어 주는 짐을 마다하지 않는다.

 바로 낙타는 당신이다. 그리고 주인은 하나님이시다.

 하나님은 당신의 형편을 누구보다도 잘 알고 계신다.

 그리고 당신이 짊어질 수 있을 만큼 당신에게 짐을 얹어 주신다.

 이때 당신은 어떤 모습으로 짐을 받는가? 낙타와 같은 겸손한 모습인가?

 새에게 날개는 무거우나 그것 때문에 날 수 있고, 배는 그 돛이 무거우나 그것 때문에 항해 할 수 있다. 그리스도인에게 십자가는 짐이 되나 그것이 그리스도인으로 하여금 천국으로 향하게 만든다.

예화와 관련된 말씀

여호와의 규례를 지키는 세상의 모든 겸손한 자들아 너희는 여호와를 찾으며 공의와 겸손을 구하라 너희가 혹시 여호와의 분노의 날에 숨김을 얻으리라(습 2:3).

수고하고 무거운 짐 진 자들아 다 내게로 오라 내가 너희를 쉬게 하리라 나는 마음이 온유하고 겸손하니 나의 멍에를 메고 내게 배우라 그리하면 너희 마음이 쉼을 얻으리니 이는 내 멍에는 쉽고 내 짐은 가벼움이라 하시니라(마 11:28~30).

07 | 거룩은 외모가 아니다

　어느 교회 여 선교회 회장인 권사가 있었다. 그 권사는 부동산 투기가 한참 기승을 부리던 1990년대에 부동산 투기에 일주일 내내 열심히 아파트와 땅을 보러 발이 닳도록 돌아다녔다.
　그 권사는 자신의 부동산 투기를 통해서 돈을 벌고, 헌금도 많이 하는 것을 자부심으로 여겼다.
　뿐만 아니라 아파트와 땅을 따서 웃돈을 붙여 파는 것으로 돈도 많이 벌었다.
　그러던 어느 날 그 분이 주일저녁 여선교회헌신예배의 사회를 맡게 되었다.
　주일 오후에도 이곳저곳 아파트와 땅을 보러 다니다가 저녁예배시간이 다되어서야 급히 교회에 오게 되었고 사회를 보러 올라갔다.
　그 권사는 거룩하고 경건한 모습으로 예배의 부름을 낭독하고, 찬송을 부를 시간, 거룩하고 경건한 모습으로 자신 있게 말했다.

"모두 찬송가 109동(!)을 부르겠습니다"
거룩함은 꾸밈에 있지 않다. 그 생명력에 있다.

예화와 관련된 말씀

오직 너희를 부르신 거룩한 이처럼 너희도 모든 행실에 거룩한 자가 되라 기록되었으되 내가 거룩하니 너희도 거룩할지어다 하셨느니라(벧전 1:15,16).

오직 너희를 부르신 거룩한 이처럼 너희도 모든 행실에 거룩한 자가 되라(벧전 1:15).

기록되었으되 내가 거룩하니 너희도 거룩할지어다 하셨느니라(벧전 1:16).

08 | 하나님의 시선

16세기 교황 율리우스 2세가 천재 미술가 미켈란젤로를 불러 유명한 시스틴 성당의 천지창조 벽화를 그려 달라고 의뢰했다.

당시 이런 제의는 정말 미술 역사상 있을 수 없는 최대의 특권이자 위대한 특권이기 때문에 사람들은 흥분하기 시작했다.

그러나 당사자인 미켈란젤로는 이 엄청난 특권 앞에 흥분하지 않고 오히려 엎드렸다.

그리고 거꾸로 누워 4년 동안 천장만 바라보며 벽화를 그리는 일에만 자신의 열정과 땀을 모두 쏟아 부었다.

마침내 그의 전 인생을 바친 벽화가 완성되었는데, 그는 여전히 천장에 붙어서 계속 작은 선을 그려 넣고 있었다.

미켈란젤로와 가까이 지내던 어느 추기경이 성당에 들어와 둘러보면서 한 마디 했다.

"그림이 다 완성되었는데 뭘 그리는가? 내가 볼 때는 다 끝났는데?"

이때 미켈란젤로는 추기경에게 이렇게 말했다.

"내가 볼 때는 끝났을지라도 하나님이 보실 때는 아직 안 끝났습니다."

예화와 관련된 말씀

사람이 마땅히 우리를 그리스도의 일꾼이요 하나님의 비밀을 맡은 자로 여길지어다(고전 4:1).

나를 능하게 하신 그리스도 예수 우리 주께 내가 감사함은 나를 충성되이 여겨 내게 직분을 맡기심이니(딤전 1:12).

지극히 작은 것에 충성된 자는 큰 것에도 충성되고 지극히 작은 것에 불의한 자는 큰 것에도 불의하니라(눅 16:10).

부지런하여 게으르지 말고 열심을 품고 주를 섬기라(롬 12:11).

09 | 1등을 능가한 2등

 수학분야에서 세계적으로 명성을 떨친 일본의 기쿠치 다이로에 대한 일화이다. 그가 젊은 시절에 영국의 옥스퍼드 대학에서 유학하던 때, 그는 유일한 동양인이었다. 그는 시험이 있을 때마다 항상 1등을 했는데, 그 일로 영국 학생들의 자존심이 크게 상하였다.

 영국 학생 브라운은 언제나 기쿠치 다음인 2등만 차지하여 영국 학생들의 마음을 더욱 안타깝게 하였다.

 그러던 어느 해 학기말 시험을 얼마 앞에 두고 기쿠치가 학교를 며칠 결석하게 되었다. 독감을 앓게 되어 학교에 오지 못한 것이다. 이 사실이 학교에 퍼지자 영국 학생들은 브라운이 1등을 할 기회가 왔다며 몹시 흥분했다. 절호의 기회가 왔기 때문이다. 어떤 친구들은 브라운을 찾아가 격려하기까지 했다.

 "브라운 잘해, 그 원숭이 같은 녀석을 보기 좋게 꺾어주라고!"

 기말시험을 치루는 날, 기쿠치는 몹시 야윈 얼굴로 학교에 나와 시험을 치렀다. 며칠 뒤에 학교 게시판에 성적이 발표

되었다. 게시판 앞에 와글거리며 모여 있는 학생들 틈에서 누군가 실망스런 목소리로 소리쳤다.

"이런, 또 기쿠치가 1등이야!"

이때 기쿠치가 모여 있는 학생들에게 서투른 영어로 말했다.

"내가 병석에 있으면서도 수석을 할 수 있었던 것은 모두 브라운 덕분입니다. 브라운은 매일매일 내 방에 찾아와 교수님이 하신 강의내용을 내게 강의를 해주었습니다."

모두들 숙연해 졌다. 브라운은 그 기회를 살려 1등하기를 원치 않았던 것이다. 쉬 뒤집어질 수 있는 1등의 자리보다는 2등의 자리에 스스로 머물게 됨으로써 기쿠치가 도저히 넘어볼 수 없는 1등의 자리에 오르게 된 것이다. 그것은 기쿠치가 명성을 날리는 곳마다 아름다운 행동을 한 브라운의 이름이 거론되기 때문이다.

예화와 관련된 말씀

사람이 교만하면 낮아지게 되겠고 마음이 겸손하면 영예를 얻으리라(잠 29:23).

10 | 겸손하게 만드시는 하나님

 루스벨트 대통령은 젊은 시절에 갑자기 다리를 쇠붙이에 고정시키고 휠체어를 타야 했다. 이것은 정치가로서 한창 왕성한 활동을 하던 그에게 큰 시련이 아닐 수 없었다.

 며칠 동안 내리던 비가 그치고 하늘이 맑게 개인 날, 루스벨트는 부인인 엘레나의 권유로 휠체어를 타고 정원으로 산책을 나갔다. 하늘은 더없이 맑았고, 정원에는 꽃향기가 물씬하여 두 사람의 무겁던 마음을 가볍게 해주었다. 루스벨트는 오랜만에 마음이 즐거워졌다.

 그때, 엘레나가 다정하게 입을 열었다.

 "비가 오거나 흐린 날 뒤에는 꼭 이렇게 맑은 날이 오지요. 당신도 마찬가지에요. 당신은 뜻하지 않게 다리가 불편해졌지만 그렇다고 당신 자신이 달라진 건 아무 것도 없어요. 지금의 이 시련은 더 겸손하게 맡은 일을 하라는 하나님의 뜻일 거예요. 여보, 우리 조금만 더 힘을 내요."

 "하지만 나는 불구자인데, 그래서 당신을 더 많이 힘들게 할 텐데 그래도 당신은 날 사랑한단 말이오?"

 루스벨트가 우울한 목소리로 묻자, 엘레나는 그의 손을 꼭 잡으며 대꾸하였다.

"무슨 그런 섭섭한 말을 해요? 그럼 내가 그 동안 당신의 다리만 사랑했단 말인가요?"

이 말은 열등의식과 패배감에 사로잡혀 있던 루스벨트에게 새로운 용기를 주었다.

그 뒤에 엘레나의 말에 힘입은 루스벨트는 불구를 극복하고 예전보다 더 열심히 일을 하였다. 그의 헌신적인 열심은 미국의 국민들로부터 큰 사랑을 받게 하였다.

그 후로도 루스벨트는 미국의 대통령에 연속해서 네 번이나 당선되는 영예를 누렸다.

예화와 관련된 말씀

주의 말씀은 내 발에 등이요 내 길에 빛이니이다(시 119:105).

만군의 하나님 여호와시여 나는 주의 이름으로 일컬음을 받는 자라 내가 주의 말씀을 얻어 먹었사오니 주의 말씀은 내게 기쁨과 내 마음의 즐거움이오나(렘 15:16).

11 | 그리스도인의 참된 교제

성자 프란시스가 세운 공동체는 그리스도인들의 사랑이 응집되어 있기로 소문나 있었다. 그러나 아름다운 그리스도인들의 모임에도 인간관계의 위기는 언제나 있듯이 이 공동체 안에서도 인간관계의 위기가 있었다. 그 안에 모인 사람들의 사랑이 점점 식어가고 서로 냉담해져 갔다. 그래서 수도원 사람들이 이 문제를 해결하기 위해 여러 가지의 제안들을 냈다.

"예배를 게을리 했기 때문이다. 좀 더 예배를 드리자."

"우리 수도원의 신앙훈련이 약화되었다. 좀 더 강력한 훈련을 시작하자."

이런 모습을 보고 있던 한 사람이 "선생님, 선생님께서는 우리가 무엇을 해야 한다고 생각하십니까?"라고 묻자, 프란시스는 단순히 이런 대답을 했다.

"다 쓸데없는 일이네. 문제는 내 안의 교만이야. 내 안에 아직도 교만이 있단 말이야."

그 다음날 전도 여행을 떠나게 되었는데 한 필의 말밖에 없어서 프란시스가 말을 타고, 다른 제자들은 걸어서 그 뒤를 따라갔다. 프란시스는 자기 뒤를 따라오는 제자들 중에 레오나르도라는 형제가 있었는데, 그 형제는 귀족 출신으로 버릇없이 자라서인지 늘 대접받기를 원했다. 사실 수도원의 불화 원인도 그 형제 때문이었다. 프란시스는 이 레오나르도 형제가 앞서가는 자신의 뒤통수를 불쾌하게 째려보는 것을 느꼈다. 그 순간 그는 말 위에서 하나님께 기도했다.

그러자 성령께서 그에게 어떤 메시지를 주셨다. 그는 말에서 내려 레오나르도 형제 앞에 무릎을 꿇고 이렇게 말했다.

"형제여, 맞소. 나는 말 탈 자격이 없어요. 당신이 말을 타야 하오."

프란시스의 말을 들은 레오나르도는 그 자리에 엎드리지고 깨어지기 시작했다. "맞습니다. 선생님. 제가 그런 생각을 하고 있었습니다. 용서해 주십시오."

그 형제가 말을 탄 프란시스의 뒤통수를 째려보면서 하던 생각을 성령께서 프란시스에게 알려 주신 것이다.

예화와 관련된 말씀

모든 겸손과 온유로 하고 오래 참음으로 사랑 가운데서 서로 용납하고(엡 4:2).

12 | 깨어짐의 영성의 법칙

헨리 나우엔의 책에 이런 글이 있다. 그는 중세기 어떤 수도사의 얘기를 인용하고 있었다.

아주 노련하고 존경받는 수도사 한 사람이 젊은 수도사의 교육을 막 시작했다. 아직은 좀 건방지고 교만한 구석이 있는 젊은 수도사에게 교훈을 주기 위해서 그는 흙을 만지면서 이런 대화를 나눴다.

아주 견고하고 딱딱한 흙을 만지면서 젊은 수도사에게, "여보게, 여기 물 좀 붓지"라고 말했다.

그래서 젊은 수도사는 물을 부었다. 그런데 물이 흙으로 스며드는 것이 아니라 딱딱한 흙이라서 그냥 옆으로 흘러내리고 말았다.

노련한 수도사는 "이 딱딱한 흙은 물을 받지 못하네"라고 말하면서 옆에 있는 망치를 짚어들더니 그 딱딱한 흙덩이를 부수기 시작했다. 그런 후에 젊은 수도사에게 다시 물을 부어 보라고 했다. 젊은 수도사가 부서져서 부드러워진 그 흙 속에 물을 붓자 그 물이 흙을 응고시키기 시작했다. 그 다음에 이 수도사는 웃으면서 말했다.

"여기다가 말이야. 씨를 뿌리면 틀림없이 꽃을 피우고 열매를 맺을 것이 아니겠나? 우리는 이것을 수도하는 사람들은 깨어짐의 영성의 법칙이라고 말하지."

깨어짐의 영성의 법칙이란 내가 깨어지고 내가 부서질 때 하나님은 거기서 기뻐하는 꽃과 아름다운 열매를 맺도록 하신다는 것이다.

그 열매를 위하여 아름다운 꽃을 위하여 때로 하나님이 나를 깨부수는 순간들이 있다.

그때 우리는 원망하기보다 '하나님, 깨뜨리세요. 깨뜨리세요. 그리고 하나님이 기뻐하시는 사람으로 만들어주세요.'라고 기도해야 할 것이다.

예화와 관련된 말씀

도가니는 은을, 풀무는 금을 연단하거니와 여호와는 마음을 연단하시느니라(잠 17:3).

13 | 노 수도사의 겸손

　브라더 로렌스(Brother Lawrence) 수도사는 어느 날 말썽이 많고 다투기를 제일 잘 하기로 소문난 수도원의 원장으로 임명장을 받았다. 그가 문제가 많은 수도원의 문을 두드리자 젊은 수도사들이 몰려 나왔다.
　그들은 백발이 성성한 노 수도사가 서있는 것을 보고, 접시를 닦으라고 하였다.
　"노 수도사가 왔구려! 어서 식당에 가서 접시를 닦으시오!"
　처음에 부임한 수도사가 그런 일을 하는 것이 전통이 된 모양이다. 노 수도사는 이 수도원의 문제가 바로 여기에 있음을 발견했다.
　"예, 그렇게 하겠습니다."
　그는 이렇게 대답을 하고 곧장 식당으로 묵묵히 걸어 들어갔다. 노 수도사는 한 달, 두 달, 석 달, 접시를 닦았다. 멸시와 천대와 구박이 대단했다.
　로렌스 수도사가 이곳에 온 지, 석 달이 지나서 감독이 순시 차 왔다. 젊은 수도사들은 감독 앞에서 쩔쩔 매었다. 그런데 원장의 모습이 보이지 않았다. 감독은 자신을 맞이해 줄 원장이 보이지 않자, 궁금해 하며 물었다.

"원장님은 어디에 가셨는가?"

수도사들이 대답했다.

"원장님은 아직 부임하지 않으셨습니다."

감독은 깜짝 놀랐다.

"아니 뭐라고? 그게 무슨 소린가? 내가 로렌스 수도사를 3개월 전에 임명해서 여기로 보냈는데!"

감독의 말에 젊은 수도사들은 아연실색했다. 그들은 즉시 식당으로 달려가 노 수도사 앞에 무릎을 꿇었다. 노 수도사의 극도로 낮아진 겸손의 도에 모두가 감동하였던 것이었다.

그 후부터 그 수도원은 모범적인 수도원이 되었다. 노 수도사의 겸손은 이 수도원을 찾는 젊은 수도자들에게 '겸손'의 귀감이 되고 있다.

예화와 관련된 말씀

아무 일에든지 다툼이나 허영으로 하지 말고 오직 겸손한 마음으로 각각 자기보다 남을 낫게 여기고(빌 2:3).

14 | 높임을 받는 겸손

막사이사이는 겸손하고 성실한 사람이었다.
"필리핀이 아름답고, 명랑한 나라가 되려면 공무원의 부패와 부정을 근절해야 합니다!"
그는 이 한 마디의 외침으로써 필리핀의 대통령이 되었다. 그는 루손도의 한 대장장이의 아들로 태어났는데, 어릴 때부터 보고, 겪고, 느끼는 필리핀 민족의 슬픔과 불행을 어떻게 해서든지 없애야 하겠다는 생각을 품고 살았다.

그는 언제나 자신보다는 이웃을 염려하였고, 지금보다는 미래를 준비하는 높은 생각으로 지냈다. 그리하여 올바른 사람이 되겠다는 그의 결심은 자동차 운전수 노릇을 하는 동안에도 옳지 않은 동료들에게 물들지 않게 하였다.

착실하고, 근면하며, 성실한 그는 주위로부터 인정을 받았다. 그래서 양코 버스회사의 지배인이 되고, 세계 제2차 대전 후에는 필리핀의 국방 장관이 되었다. 이어서, 그의 나이 겨우 46세 때, 대통령의 자리에까지 올랐다.

그러나 대통령이 되었다고 해서 달라진 것은 없었다. 그는 전과 조금도 다름이 없이 지냈다. 언제나 사람들 앞에서 소박하고, 겸손히 대하였다.

"나의 직책은 대통령이지만, 나의 마음은 이 나라의 한 병사이다."

이것은 곧 막사이사이가 늘 품고 있는 신념이었다. 그러므로 그는 늘 백성들과 같은 처지에서 살고, 같은 곳에 있었으며, 같은 생활을 하고, 또 같은 마음을 지니고 있을 수 있었던 것이다. 대통령이 된 후에, 그가 골똘히 생각한 것은 이 나라의 백성들이 고생하는 까닭이 무엇인가 하는 것이었다.

그것은 공무원들이 권력을 사사로이 이용하고, 권세를 쓰는 것 때문이라는 것을 깨달았다. 그의 애국적인 노력으로 일반 국민들이 정부를 믿게 되었고, 말 할 수 없이 부패했던 정치가 맑고 깨끗한 정치로 바뀌게 되었다.

예화와 관련된 말씀

모든 겸손과 온유로 하고 오래 참음으로 사랑 가운데서 서로 용납하고(엡 4:2).

15 | 다섯 손가락들의 자랑

우리들이 잘 알고 있는 우화 중에 다섯 손가락이 각자 자기 자랑을 하는 내용이 있다.

첫째 손가락이 자신을 뽐내었다.

"내가 엄지니까 최고야."

둘째 손가락이 이에 질세라 자랑했다.

"무언가를 가리킬 때는 내가 제일 많이 사용된다."

셋째 손가락은 다른 손가락들을 쳐다보며 으스댔다.

"그렇지만 나란히 놓고 키를 재 봐. 내가 우리 중에 제일 크다."

넷째 손가락은 잘난 체하며 이렇게 말했다.

"약혼이나 결혼 같은 귀중한 사랑을 서약할 때 내 손가락이 사용되는 거 알지?"

손가락들은 모두 다 자기 자랑을 한 가지씩 내놓았지만 마지막 남은 다섯째 손가락은 내놓을 자랑이 없을 것이라고 생각했다.

그런데 그 마지막 손가락이 당당히 나와 큰소리로 이렇게 말했습니다.

"야, 나 없으면 병신이다."

세상에는 존재하는 모든 것이 각각의 의미를 가지고 있다. 인간에게 할 수 있는 가장 잔인한 말은 쓸모없는 존재라는 말이다.

예화와 관련된 말씀

큰 집에는 금 그릇과 은 그릇 뿐 아니라 나무 그릇과 질그릇도 있어 귀하게 쓰는 것도 있고 천하게 쓰는 것도 있나니(딤후 2:20).

곧 내가 그들 안에 있고 아버지께서 내 안에 계시어 그들로 온 전함을 이루어 하나가 되게 하려 함은 아버지께서 나를 보내신 것과 또 나를 사랑하심 같이 그들도 사랑하신 것을 세상으로 알게 하려 함이로소이다(요 17:23).

16 | 대왕을 몰라본 중장

한 번은 알렉산더 대왕이 평민 복장을 하고 돌아다니다가 한 사람을 만났는데 그는 대단히 오만한 표정을 하고 점잖게 앉아 있었다. 다가간 대왕은 그에게 말을 걸었다.

"보아하니 군인이신 것 같은데 혹시 소위이십니까?

그러자 그 사람은 불쾌한 듯 검지손가락을 위로 가리키며 "좀 더!"하고 대답했다.

"그러면 중위십니까?" "좀 더!"

"그러면 중령이신가요?" "아니, 좀 더!"

"그러면 소장이신가요?"

"아니, 좀 더라니까!"

"그러시면 중장이시군요?"

그제서야 그 사람은 만족한 듯 "그렇소. 이제 알겠소?"라고 하였다. 그런데 이번에는 중장이 가만히 대왕을 훑어보더니 물어보기 시작했다.

"당신은 보아하니 군인 같은 냄새가 나는데 소위인가?"

그러자 대왕은 방금 중장이 했던 것처럼 "좀 더!"라고 시작했다. "그러면 중위신가?"

"좀 더!"
"아니면 중령? 대령인가?"
"좀 더!"
"그렇다면 소장인가?"
"좀 더 쓰시지?"

그러자 중장은 내심으로 불안해 차며 "그렇다면 중장이십니까?"하고 조용히 물었다. 그런데 대답은 더욱 커지면서 "아하 좀 더!"하지 않는가? 얼굴이 새파랗게 질린 중장은 묻지 않을 수도 없어 "죄송합니다만 대장님이십니까?"하고 물었다.

그러나 대답은 "좀 더라니까!"였다. 그 순간 중장은 코가 땅에 닿도록 엎드리면서, "살려주십시오. 폐하!"하면서 애원했다. 대왕은 그에게 "앞으로는 교만하여 건방지게 행동하지 마라."고 경고하였다.

예화와 관련된 말씀

내가 말하기를 두렵건대 그들이 나 때문에 기뻐하며 내가 실족할 때에 나를 향하여 스스로 교만할까 하였나이다(시 36:16).

17 | 대통령의 겸손

쏠버대학을 졸업한 '포항가리'는 프랑스의 대통령이 되었다.

대통령으로 지낼 당시 쏠버대학에서 라비스 박사 교육 50주년 기념식이 성대하게 진행되고 있었다.

답사를 하기 위하여 단상에 오른 라비스 박사는 깜짝 놀라지 않을 수 없었다.

바로 내빈석도 아닌 재학생석 맨 뒷자리에 포항가리 대통령이 앉아 있었기 때문이다. 라비스 박사는 황급히 단상에서 내려가 대통령을 단상으로 모시려고 했다.

그러나 대통령은 끝내 사양하면서 이렇게 말했다.

"선생님, 저는 제자입니다. 오늘의 주인공은 오직 선생님 뿐입니다."

장내는 뜨거운 박수갈채가 터져 나왔고, 포항가리 대통령은 더욱 명성 높은 대통령이 되었다.

허세나 수단과 방법을 동원하여 높아진 자는 결코 오래가지 못한다.

그러나 섬기는 자로서 또는 종으로서의 사명을 다한 자는 큰 자로서 또 높아진 자로서 세세토록 존귀와 영광을 받게 될 것이다.

예화와 관련된 말씀

아무 일에든지 다툼이나 허영으로 하지 말고 오직 겸손한 마음으로 각각 자기보다 남을 낫게 여기고 (빌 2:3).

교만은 패망의 선봉이요 거만한 마음은 넘어짐의 앞잡이니라 (잠 16:18).

내가 너희에게 이르노니 이에 저 바리새인이 아니고 이 사람이 의롭다 하심을 받고 그의 집으로 내려갔느니라 무릇 자기를 높이는 자는 낮아지고 자기를 낮추는 자는 높아지리라 하시니라(눅 18:14).

18 | 무디의 겸손

D. L. 무디(D. L. Moody)가 미국의 한 도시에서 전도대회를 열고 있었을 때의 일이다.

하루는 모 신문사의 한 기자가 무디에게 찾아와 인터뷰를 요청했다.

"목사님, 인터뷰를 하고 싶습니다."

"죄송합니다. 오늘 시간이 안 날 것 같습니다."

무디는 전도대회로 너무나 바쁜 나머지 그 인터뷰를 거절할 수밖에 없었다.

그랬더니 그 다음날 신문 기사마다 "교만한 전도자 무디"라는 혹평의 글들이 실렸다.

무디의 동료들은 하나같이 분노했다.

"이런 거짓된 기사를 싣다니 말도 안돼."

그런데 정작 화를 내야 할 무디는 아무렇지 않다는 듯이 미소 짓고 있었다. 이를 의아하게 생각한 동료 한 사람이 무디에게 물었다.

"선생님, 기사마다 공개적으로 선생님을 교만한 사람이라고 비판하고 있는데 선생님은 화나지 않으십니까?"

"제가 화가 날 이유가 어디에 있습니까? 그 기자는 나에 대해 잘 모르고 쓴 것 같은데 말입니다. 나는 그보다 더 교만한 사람입니다."

예화와 관련된 말씀

사람들이 너를 낮추거든 너는 교만했노라고 말하라 하나님은 겸손한 자를 구원하시리라(욥 22:29).

그러나 온유한 자들은 땅을 차지하며 풍성한 화평으로 즐거워하리로다(시 37:11).

진실로 그는 거만한 자를 비웃으시며 겸손한 자에게 은혜를 베푸시나니(잠 3:34).

19 | 미 국무장관의 겸손

 미국의 어떤 사업가가 호텔을 찾아와 투숙할 방을 하나 요청하였으나 그날은 호텔이 만원이라 방을 얻지 못했다. 낙망한 표정으로 걸어 나가는 그에게 어떤 신사가 지금은 어디를 가도 방을 구할 수 없다며 자기와 동숙하자고 했다. 그 사업가는 안도의 한숨을 내쉬며 이 고마운 제의를 받아들였다.

 방을 나누어 준 신사는 자기 전에 열심히 기도하는데, 동숙하는 사업가와 그의 사업을 위해서도 간절히 기도하는 것이었다. 아침에 일어나자 성경 읽을 시간이라며 성경을 읽고는 또 열심히 기도하는 것이었다.

 아침 식사를 같이 하고 헤어 질 시간이 되었다. 어제는 서로 간단하게 인사 소개를 했지만, 한 방을 같이 쓴 친숙한 사이이므로 서로 명함을 교환했다. 신사의 명함에는 윌리엄 제임스 오브라이엔이라고 적혀 있었다.

 사업가가 의아스럽다는 듯이 "국무장관하고 이름이 꼭 같군요."라고 말했다.

 그러자 신사는 겸손한 어투로, "네, 같은 인물입니다"라고 대답하는 것이었다. 사업가는 그토록 겸손하고 사랑이 넘치며 섬기는 자세를 가진 오브라이엔 장관으로부터 큰 감화를 받았고, 그에게서 그리스도의 모습을 발견할 수 있었다고 했다.

죽은 나무는 지나치게 휘면 부러지고 말지만 산 나무는 부러지지 않는다. 오브라이엔 장관의 살아 있는 신앙이 그를 그렇게 겸손하게 했고 참된 사랑의 빛을 발하게 했다.

예화와 관련된 말씀

다니엘이 이 조서에 왕의 도장이 찍힌 것을 알고도 자기 집에 돌아가서는 윗방에 올라가 예루살렘으로 향한 창문을 열고 전에 하던 대로 하루 세 번씩 무릎을 꿇고 기도하며 그의 하나님께 감사하였더라(단 6:10).

20 | 보온용 밍크코트

밍크코트가 한창 유행하던 때에 어느 연회장에서 있었던 일이다.

거의 모두가 밍크코트 등을 걸친 화려한 옷차림을 하고 들어왔기 때문에 그 중에서 카키색의 커튼 천으로 된 소박한 외투를 입고 있는 노 부부가 눈에 띌 수밖에 없었다. 얼핏 보기에는 초라하기까지 했지만 늙은 부부에게서 풍기는 인상은 마냥 유복하기만 했다.

그러나 노부부가 코트를 벗는 순간 모든 사람은 깜짝 놀라지 않을 수 없었다.

코트 안에는 값진 밍크가 들어 있었던 것이다. 보통 사람들은 밍크를 자랑하려고 난방이 잘된 실내에까지 입고 들어간다. 그러나 그 노부부는 밍크를 오히려 코트 속에다 감추고 있는 것이었다.

그 내외에게 있어서 밍크라는 것은 남의 눈을 위한 자랑거리가 아니라 오직 보온용이었을 뿐이기 때문이다. 따라서 그들은 겉으론 매우 소박한 커튼지 코트를 입고 있으면서도 얼마든지 포근해 할 수가 있었던 것이었다.

마찬가지로 우리 신앙인들의 물질관에 있어서 과시적으로 자랑하지 않고 그 용도가 때와 장소를 맞추는 소박한 태도일 때 그것이 올바른 그리스도인의 생활모습이다.

우리 마음속에 계시는 그리스도로 인한 향기는 그 노부부의 유복한 모습처럼 자연스럽게 풍겨져 나오는 것이다.

예화와 관련된 말씀

여호와께서 이와 같이 말씀하시되 지혜로운 자는 그의 지혜를 자랑하지 말라 용사는 그의 용맹을 자랑하지 말라 부자는 그의 부함을 자랑하지 말라(렘 9:23).

우리는 구원 받는 자들에게나 망하는 자들에게나 하나님 앞에서 그리스도의 향기니 이 사람에게는 사망으로부터 사망에 이르는 냄새요 저 사람에게는 생명으로부터 생명에 이르는 냄새라 누가 이 일을 감당하리요(고후 2:15,16).

21 | 부족한 겸손

두 명의 단짝 친구가 있었다. 한 사람은 크리스천이었지만 다른 사람은 불신자였다.

어느 날 불신자 친구가 크리스천인 단짝 친구를 찾고 있었다. 그런데 그는 친구를 어떤 곳에서도 찾을 수 없었다. 그래서 그는 곰곰이 친구가 있을 만한 곳을 생각해 보았다.

그러다가 갑자기 교회당이 떠올랐다. 왜냐하면 평소에 크리스천 친구가 자주 교회에 가서 기도를 드린다는 것을 알았기 때문이다.

그래서 당장 교회당으로 달려가 교회 문을 열어보니 낯익은 목소리가 들리는 것이었다.

"하나님, 정말 전 부족한 놈입니다. 저는 매일 잘못을 저지릅니다. 용서해 주세요."

불신자 친구는 그 소리가 나는 앞자리로 조용히 갔다. 그리고 크리스천 친구의 기도를 듣고는 그를 시험해보기로 했다.

"이 부족한 놈아!"

"뭐라고? 너는 뭔데? 내가 부족하다고?"

크리스천 친구는 하나님께 자신이 부족한 사람이라고 고백했지만 그의 마음에는 자신을 진정으로 부족하다고 인정하지 않고 있었던 것이다.

예화와 관련된 말씀

아무도 꾸며낸 겸손과 천사 숭배를 이유로 너희를 정죄하지 못하게 하라 그가 그 본 것에 의지하여 그 육신의 생각을 따라 헛되이 과장하고(골 2:18).

지극히 존귀하며 영원히 거하시며 거룩하다 이름하는 이와 같이 말씀하시되 내가 높고 거룩한 곳에 있으며 또한 통회하고 마음이 겸손한 자와 함께 있나니 이는 겸손한 자의 영을 소생시키며 통회하는 자의 마음을 소생시키려 함이라(사 57:15).

22 | 사역의 고초

 빌리 선데이(Billy Sunday)라는 미국의 유명한 전도자가 있었다. 그는 사역 초기에 이런 에피소드가 있었다. 그는 아주 말을 잘 할뿐더러 조금 야성적인 스타일의 전도자였다. 그가 아직 틀이 잡히지 않은 설교자이면서 젊은 목회자로서 어떤 개척교회 같은 작은 교회에서 일을 할 때였다.

 한 번은 아주 열렬하게 침을 튀기면서 열심히 설교를 끝낸 후, 그는 교인들과 인사를 나누기 위해 교회 문 뒤로 나갔다.

 그때 어떤 교인들이 와서 "아! 목사님, 그런 열렬하고 뜨거운 설교는 처음 들었습니다"라고 칭찬을 했다.

 그런데 그의 옆에 서 계셨던 아주 나이 많은 목사님 한 분이 옆구리를 쿡쿡 찌르면서 "기도해!"라고 말했다.

 그래서 그가 "뭐라고 기도할까요?"했더니 그 목사님은 "교만하지 말게 하소서"라고 기도 내용을 말해 주셨다.

 그 다음에 어떤 교인이 오더니 "목사님! 무슨 설교를 그렇게 무례하게 하십니까? 시험 들겠어요?"라고 했다.

 그 순간 그는 다시 옆에 있는 나이 많은 목사님을 쳐다보니까 목사님이 또 "기도해!"라고 말했다.

그래서 또다시 그는 "뭐라고 기도할까요?"라고 물었더니 이번에는 "낙심하지 말게 하소서!"라고 말해주었다.

예화와 관련된 말씀

믿음의 주요 또 온전하게 하시는 이인 예수를 바라보자 그는 그 앞에 있는 기쁨을 위하여 십자가를 참으사 부끄러움을 개의치 아니하시더니 하나님 보좌 우편에 앉으셨느니라(히 12:2).

나는 마음이 온유하고 겸손하니 나의 멍에를 메고 내게 배우가 그리하면 너희 마음이 쉼을 얻으리니(마 11:29).

23. 섬길 수 있는 자만이 다스릴 수 있다

미국의 찰스 콜슨(Charles Colson)은 예수님을 알기 전 닉슨 대통령의 보좌관으로 있다가 워터게이트 사건으로 연방교도소에서 7개월 간 수감되었다.

수감되기 전 하나님을 영적하고 거듭난 후 교도소 전도자로 다시 태어난 사람이다.

찰스 콜슨은 자신이 쓴 책에서 미국 의회 역사상 가장 감동적인 순간에 대한 이야기를 다음과 같이 썼다.

가장 감동적인 순간은 인도 캘커타의 고인이 되신 테레사 수녀가 미국 국회를 방문하여 연설했던 때라고 한다.

미국 사람들은 대부분 연설 때 연설자에게 박수를 아끼지 않는다고 하는데, 이상하게도 테레사 수녀가 연설을 마치자 그 누구도 박수를 치지 않았다.

오히려 침묵만이 감돌았을 뿐이었다.

연설을 들은 그들은 숨 막히는 감동과 전율이 그들의 가슴과 목을 누르고 있었기 때문에 박수를 칠 여유조차 없었던 것이다.

그 이유는 마지막 테레사 수녀가 던진 한 마디의 말 때문이었다.

"섬길 줄 아는 사람만이 다스릴 자격이 있습니다."

예화와 관련된 말씀

너희는 그렇지 않을지니 너희 중에 큰 자는 젊은 자와 같고 다스리는 자는 섬기는 자와 같을지니라(눅 22:26).

인자가 온 것은 섬김을 받으려 함이 아니라 도리어 섬기려 하고 자기 목숨을 많은 사람의 대속물로 주려 함이니라(마 20:28).

아무 일에든지 다툼이나 허영으로 하지 말고 오직 겸손한 마음으로 각각 자기보다 남을 낫게 여기고(빌 2:3).

예수께서 앉으사 열두 제자를 불러서 이르시되 누구든지 첫째가 되고자 하면 뭇 사람의 끝이 되며 뭇 사람을 섬기는 자가 되어야 하리라 하시고(막 9:35).

24 | 성숙한 자의 겸손

대학에서 수학을 전공한 어떤 학생이 졸업 여행으로 이곳저곳을 다니다가 어느 산 속에 있는 정자에서 쉬게 되었다. 그곳에서 우연히 한 노신사를 만나 수학에 대한 이야기를 나누게 되었다.

수학에 대해서 어느 정도까지 공부했는가를 묻는 노신사의 질문에 학생은 기세당당하게 "수학을 정복했습니다."라고 대답했다.

이번에는 학생이 노신사에게 "수학을 어느 정도까지 하셨습니까?"라고 물었다.

그 노신사는 조용한 목소리로 "나는 겨우 수학에 대하여 이해하기 시작했네."라고 대답했다.

그 노신사와 대화를 계속하면서 학생은 그 분의 수학 지식이 비범한 것을 알게 되었다.

학생은 '도대체 이분이 어떤 사람인가?' 하는 놀랍고도 궁금한 마음에 "도대체 선생님의 성함이 어떻게 되십니까?"라고 물었다.

그 노신사는 "내 이름은 화이트헤드(A. N. Whitehead)라네."라고 대답했다.

놀랍게도 그 이름은 아주 유명한 세계적인 철학자이자, 수리학자의 이름이었던 것이다.

예화와 관련된 말씀

교만이 오면 욕도 오거니와 겸손한 자에게는 지혜가 있느니라(잠 11:2).

여호와께서는 높이 계셔도 낮은 자를 굽어살피시며 멀리서도 교만한 자를 아심이니이다(시 138:6).

여호와를 경외하는 것은 악을 미워하는 것이라 나는 교만과 거만과 악한 행실과 패역한 입을 미워하느니라(잠 8:13).

25 | 시체가 곧 나

옛날 수도자들은 인생의 무상을 똑바로 보기 위해 "백골관" 혹은 "부정관(不淨觀)"이란 수행방법을 썼다. 수도자들은 산이나 묘지로 찾아가 아무렇게나 내버려진 송장 곁에 가서 자리를 잡는다.

썩은 냄새가 나는 송장을 마주 내려다보고 앉아 인생의 의미를 생각하는데, 썩어가는 시체를 보는 데에도 그 순서가 있으니 아홉 가지 모습이라 한다.

① 죽은 자의 육체가 부풀어 팽창하는 것
② 검푸른 곰기에 엉기는 것
③ 썩어 뼈에 물이 흐르기 시작하는 것
④ 머리털과 피부가 바람에 날려가고 백골이 노출하는 것
⑤ 그것이 풍화사산(風化四散)하고
⑥ 나중엔 흙으로 돌아가 뼈와 살은 흙으로 화하고
⑦ 피는 물로 화하고
⑧ 열은 불로 돌아가고
⑨ 숨(호흡)은 바람으로 화하는 것.

이쯤 되면 시체가 곧 나요, 내가 곧 그 시체이다. 시체가 욕심낼 것이 무엇이며, 자랑할 것은 또 무엇이겠는가? 아니 그것이 인간의 실체일진대 당신이 자랑하는 학벌, 재산 등이 무슨 소용이 있겠는가?

예화와 관련된 말씀

그 가지들을 향하여 자랑하지 말라 자랑할지라도 네가 뿌리를 보전하는 것이 아니요 뿌리가 너를 보전하는 것이니라(롬 11:18).

악인은 그의 마음의 욕심을 자랑하며 탐욕을 부리는 자는 여호와를 배반하여 멸시하나이다(시 10:3).

03
온유한 자는 복이 있나니

온유한 자는 복이 있나니 그들이 땅을 기업으로 받을 것임이요(마 5:5).

01 연약한 피조물

인류의 역사 속에 나오는 인물 중 최고의 군사적인 천재를 말하라면 단연 나폴레옹일 것이다.

이 나폴레옹이 군사를 이끌고 러시아를 침략하기로 계획을 세웠을 때, 그와 가까웠던 신복이 그에게 나와 이렇게 충고 했다.

"제발, 부탁드립니다. 이번만큼은 러시아 침략을 취소하시면 좋겠습니다. 정복한 나라들도 많은데 이만하면 족하지 않습니까?"

그러나 나폴레옹은 그의 충고를 듣지 않았다. 그러자 그 신하는 마지막으로 간곡히 폐하에게 매달리며 이렇게 말했다.

"폐하시여! 모든 일은 사람이 계획하지만 하나님만이 그 일을 성취시키십니다. 이번 러시아 침략은 취소하십시오."

이 말을 들은 나폴레옹은 "나는 모든 일을 계획도 하고 성취도 한다."고 호언장담하였다.

그러나 러시아 정복의 계획은 나폴레옹 생애에서 몰락을 알리는 시작이 되었다.

나중에서야 나폴레옹은 센트 헬레나의 고독한 섬에서 자신이 그 한계성을 받아들여야 할 연약한 피조물임을 비로소 깨닫게 되었다.

예화와 관련된 말씀

내일 일을 너희가 알지 못하는도다 너희 생명이 무엇이냐 너희는 잠깐 보이다가 없어지는 안개니라(약 4:14).

인생은 그 날이 풀과 같으며 그 영화가 들의 꽃과 같도다(시 103:15).

여호와여 그들을 두렵게 하시며 이방 나라들이 자기는 인생일 뿐인 줄 알게 하소서(셀라)(시 9:20).

02 | 자기를 낮추는 자

어거스틴에게 레이나라고 하는 제자가 있었다. 하루는 어거스틴이 볼일이 있어서 이 제자를 불렀다.

"이보게, 레이나."

스승이 부르는데도 레이나는 대답이 없었다. 옆방에 분명히 있는 것 같은데 응답이 없는 것이다. 그래서 거듭해 불러 보았지만 여전히 응답이 없었다.

어거스틴은 슬며시 부아가 났다.

"이 녀석이…"

그는 옆방 문을 신경질적으로 열어 제쳤다. 순간, 그는 아차하고 뉘우쳤다. 레이나는 무릎을 꿇고 앉아 하나님께 간절한 기도를 드리고 있었던 것이다.

너무도 간절히 기도에 몰두하고 있다 보니 스승의 부르는 소리를 듣지 못했던 것이다. 어거스틴은 부끄러워 몸 둘 바를 몰랐다. 그 기도가 끝나기를 기다렸다가 그는 제자에게 간청했다.

"너의 발로 내 목을 밟고 서서 '교만한 어거스틴아, 교만한 어거스틴아, 교만한 어거스틴아' 이렇게 세 번 소리쳐다오."

그는 이렇게 사과를 했다고 한다.

겸손한 사람 어거스틴이었지만, 그의 내부에 이렇듯 무심결에 고개를 쳐드는 교만이 있었음을 깨닫고 그는 가슴을 쳤다.

사람이란 '나는 교만하다' 라고 자기 평가를 내릴 때에 겸손이 시작되는 것이다.

예화와 관련된 말씀

사람들이 너를 낮추거든 너는 교만했노라고 말하라 하나님은 겸손한 자를 구원하시리라(욥 22:29).

여호와여 주는 겸손한 자의 소원을 들으셨사오니 그들의 마음을 준비하시며 귀를 기울여 들으시고(시 10:17).

무릇 자기를 높이는 자는 낮아지고 자기를 낮추는 자는 높아지리라(눅 14:11).

03 | 작업복을 입은 노벨상 수상자

 2002년에 평범한 연구원으로 근무했던 다나카 고이치의 일화이다. 그는 일본 열도는 물론 전 세계를 놀라게 하며 노벨화학상을 수상하였다. 그는 연구실에 근무하는 보통 사람이었다. 다나카는 일정 주기로 발사되는 레이저를 이용해 단백질 분자를 분사시키는 효과를 낼 수 있는 연성 레이저 이탈기법을 개발하였다. 이 기법을 이용하면 고분자 단백질의 종류와 양을 효과적으로 정밀하게 분석할 수 있어 생명과학과 신약의 개발 등 의학연구에도 많은 도움이 되었다. 그는 이 공로를 인정받아 노벨화학상을 받았다.

 그가 일으킨 '다나카 효과'는 수치로 따지면 3억엔 가량이라고 한다. 그의 근무처인 시마즈 제작소는 다나카를 노벨상 수상자에 상응하는 대우를 해 주어야겠다고 여겼다. 그래서 주임인 그를 임원으로 승진시키려는 의사를 본인에게 타진하였는데, 그는 이를 사양했다.

 "한 가지 한 가지씩 경험을 쌓아 단계를 밟아 나가지 않고, 지금 이 상태로 갑자기 오르게 된다면 제 자신의 경험과 제대로 조화시킬 능력이 없습니다."

그는 자신의 성공에 대하여 이렇게 말하였다.

"서서히 올라가지 않는다면 저는 무너지고 말지도 모릅니다. 이제까지 그렇게 해 왔으며, 앞으로 책임이 더욱 무겁습니다."

어디까지나 현장에서 연구 개발을 계속하고 싶다는 다나카에게 회사는 천만 엔의 특별보상금과 연구자의 최고 지위인 '펠로'(fellow)라는 직책을 안겼다. 그래서 대우는 2계급 특진하여 부장급이지만, 업무는 작업복을 입고 일하는 엔지니어인 것이다.

성공은 이루기보다 유지하기가 더 힘이 든다. 성공을 이루기까지 필수적인 요소였던 근면과 성실, 겸손을 지속적으로 유지한다면 성공을 누릴 수 있다. 자신의 성공이 은혜로 주어진 것임을 고백한다면 성공이 유혹이 되지 않을 것이다.

예화와 관련된 말씀

사람이 교만하면 낮아지게 되겠고 마음이 겸손하면 영예를 얻으리라(잠 29:23).

04 | 조만식 장로의 겸손

어느 주일날 예배에 참석하려는 조 장로에게 손님이 찾아왔다. 조 장로는 손님과 얘기하다 그만 예배 시간에 늦고 말았다.

설교하던 주 목사는 늦게 들어오는 조 장로에게,

"장로님, 오늘은 의자에 앉지 말고 서서 예배를 드리십시오."라고 했다.

옛 스승인 노 장로에게 너무나 가혹한 처사였다. 그러나 조 장로는 그대로 순종했다.

설교를 마친 후 주 목사는 다시 조 장로에게 기도하라고 했다.

조 장로가

"하나님 아버지 이 죄인을 용서하여 주옵소서. 애국 운동 한다고 사람을 만나다가 하나님 만나는 예배 시간에 늦었습니다. 목사님이 얼마나 마음 아프시면 설교하다 말고 이토록 책망하셨겠습니까?

하나님의 종을 마음 아프게 한 죄를 사하여 주옵소서. 은혜스러운 설교를 듣던 성도들이 은혜 받는 것을 방해한 죄를 용서하여 주옵소서"

하며 눈물로 기도하자, 주 목사와 온 교우들이 함께 울었다.

사람들은 "과연 그 스승의 그 제자요, 그 목사의 그 장로"라며 칭송했다.

예화와 관련된 말씀

젊은 자들아 이와 같이 장로들에게 순종하고 다 서로 겸손으로 허리를 동이라 하나님은 교만한 자를 대적하시되 겸손한 자들에게는 은혜를 주시느니라(벧전 5:5).

겸손한 자는 먹고 배부를 것이며 여호와를 찾는 자는 그를 찬송할 것이라 너희 마음은 영원히 살지어다(시 22:26).

진실로 그는 거만한 자를 비웃으시며 겸손한 자에게 은혜를 베푸시나니(잠 3:34).

05 | 이웃을 위한 겸손

 유명한 흑인 교육가 부커 워싱턴 박사가 앨라배마에 있는 터스키기 대학교 총장으로 취임한 후 그 지역의 부자들이 살고 있는 동네를 산책하고 있었다.

 그때 어느 백인 부인이 그가 워싱턴 박사인줄 모르고 그냥 지나가는 흑인이려니 해서 멈춰 세우고 몇 달러 줄 테니 장작이나 패달라고 요청했다.

 총장은 그때 특별한 일이 없었고 시간에 여유가 있었기 때문에 웃으며 소매를 걷어붙이고 장작을 패서 그녀의 벽난로 옆에 차곡차곡 쌓아주었다.

 일이 다 끝나 그가 돌아간 후 그 집 흑인 하녀가 그를 알아보고 주인에게 알려 주었다.

 그 부인은 너무 부끄럽고 당황해서 다음날 아침에 총장실로 찾아가 백배 사죄했다.

 그러자 부커 워싱턴 총장은,

 "부인, 괜찮습니다. 저는 가끔 가벼운 육체노동을 좋아합니다. 그 뿐입니까 이웃을 위해 돕는 것은 언제나 기쁜 일이지요."

하며 위로를 했다고 한다.

정말 겸손한 사람을 찾기란 쉽지 않다. 하나님은 자신을 낮추고 겸손한 사람을 세워주신다

예화와 관련된 말씀

누구든지 자기를 높이는 자는 낮아지고 누구든지 자기를 낮추는 자는 높아지리라(마 23:12).

겸손한 자와 함께 하여 마음을 낮추는 것이 교만한 자와 함께 하여 탈취물을 나누는 것보다 나으니라(잠 16:19).

06 지칠 줄 모르는 자아도취

교만은 일종의 자기 숭배의 죄악이라고 할 수 있다. 누군가가 교만을 정의하기를, '교만이라는 것은 자기 자신만이 즐길 수 있는 병이다' 라는 아주 재미있는 말을 했다.

15세기 설교자 중 사보나롤라는 사람이 어느 날 아침에 산책을 하다 보니까 성당 마리아 상 앞에서 어떤 꽤 나이가 들어 보이는 부인 하나가 경건한 모습으로 참배를 하면서 아주 진지하게 기도하고 있는 모습이 보였다.

그 이튿날도 똑같은 시간에 그 부인이 와서 기도를 했다. 그는 비가 오나 눈이 오나 바람이 불어도 봄, 여름, 가을, 겨울을 한결같이 같은 시각에 와서 마리아 상 앞에 참배하는 이 부인을 보았다.

그 모습에 그는 아주 깊은 감명을 받으면서 속으로 '아주 신앙심이 귀한 분이로구나' 라고 생각했다.

그러던 어느 날 이 사보나롤라는 자기 동료사제와 함께 산책하다가 그 부인을 가리키면서, "여보게 내가 저 부인을 가만히 관찰해 보니까 봄, 여름, 가을, 겨울 변함이 없소. 눈이 오나 바람이 부나 폭풍우가 몰아치나 똑같은 시간에 와서 저렇게 기도를 한단 말이야. 참 신앙심이 유별하지?"라고 말했다.

그랬더니 옆에 있던 사제가 껄껄 웃으면서 이렇게 말했다.

"자넨 모르는가 보네. 옛날 이 성당에 마리아 상을 처음 조각할 때, 그 조각가가 마리아 상의 모델로서 저 부인을 뽑았다고 하네. 바로 저 부인은 처녀시절에 마리아 상의 모델이 되었고, 조각이 완성된 그 다음 이튿날부터 출근해서 지금까지 한 번도 빠진 일이 없다네."

그 부인은 자기를 숭배하고 있었던 것이다. 마리아 상을 보면서 그 부인은 자신의 얼굴을 회상하고 만족하며 자기를 숭배하고 있었던 것이다. 그것이 바로 원죄의 뿌리이다.

예화와 관련된 말씀

네 마음이 교만하여 네 하나님 여호와를 잊어버릴까 염려하노라 여호와는 너를 애굽 땅 종 되었던 집에서 이끌어 내시고(신 8:14).

07 | 천사의 저울에 달아본 결과

어느 날 신실한 신앙의 보너(Boner) 박사는 한 꿈을 꾸게 되었다. 천사가 커다란 저울을 그에게 보이면서 이제까지 보너 박사가 행한 일을 달아본다고 하였다.

"감사합니다."

그는 자신의 공로를 인정해 주는 천사가 고마웠다. 천사는 그가 교회를 위하여 열심을 낸 것을 저울에 달아본 결과 무게가 100kg이 된다고 하였다.

그는 천사의 말을 듣고, 처음에는 기뻐하였으나 그 열심의 내역을 알게 되자, 부끄럽기 짝이 없었다. 그 내역은 이러하였다.

1) 자기 이기심에서 행한 열심이 14kg이요.
2) 파당을 이루고 자기 세력을 확보하기 위하여 낸 열심히 15kg이요.
3) 자기의 명예를 얻어 보려고 낸 열심이 22kg이요.
4) 사람들에게 잘 보이기 위하여 낸 열심이 23kg이요.
5) 하나님을 사랑해서 진심으로 봉사한 열심은 26kg이었다.

이와 같은 꿈을 꾸고 난 보너 박사는 회개하였다. 지금까지 자기가 주를 위하여 열심히 일하고 있다는 자부심이 자신을 교만하게 하였다는 사실을 깨달은 것이다.

"주님, 제가 이제껏 한 것은 주님과는 상관이 없는 일이었습니다. 오히려 주님의 이름을 빙자하여 나를 나타내는 것일 뿐이었습니다."

그는 자신의 충성이 하나님께서 받으시지 못 할 교만이었다는 것을 뉘우쳤다. 그리고 더욱 겸손해지기 위해서 마음의 다짐을 하였다. 더욱 겸손하여져서, 새로이 헌신하게 되었다.

나의 충성은 과연 주를 위하여 헌신하는 열심인가? 무엇을 위해서 땀을 흘리고 있는지 돌아보아야 한다.

예화와 관련된 말씀

나는 마음이 온유하고 겸손하니 나의 멍에를 메고 내게 배우라 그리하면 너희 마음이 쉼을 얻으리니(마 11:29).

08 | 총사령관 워싱턴의 겸손

 미국의 독립전쟁 당시에 한 전쟁터에서 있었던 일이다. 어떤 하사관이 부하들을 시켜서 큰 지렛대를 옮기는 작업을 하였다. 하사관은 손 하나 까딱하지 않고 거만하게 지시만 했다.

"자, 모두 밀어! 끌어올려!"

 그러나 지렛대가 워낙 크고 무거워서 언덕 위로 끌어 올리는 것은 쉽지 않았다. 군인들이 힘껏 끌어당겼지만 무거운 지렛대는 올려놓아야 하는 자리까지 다다랐다가는 아래로 떨어졌다.

 군인들은 끙끙거리면서 다시금 지렛대를 끌어 올리는 작업을 하였다. 가까스로 지렛대를 옮겨놓았는데, 지렛대는 또 굴러 떨어지려 하였다.

 이때, 사복을 한 어떤 사람이 뛰어 들어가 지렛대를 붙잡았다. 그는 군인들과 함께 힘을 다해서 밀어 올렸다. 그리하여 마침내 지렛대는 제자리를 차지했다.

 애를 쓰던 군인들이 진정으로 그에게 감사를 했다. 그런데 사복을 입은 사람은 하사관을 향해서 물었다.

"병사들이 이 무거운 것을 들어 올리며 도움을 필요로 할 때, 왜 당신은 돕지 않았습니까?'"

그러자 하사관은 자신의 계급장을 가리키며 말했다.

"나는 지휘관이오."

하사관의 대답이 끝나자, 사복을 입은 사람은 입고 있던 겉옷을 벗었다. 그가 겉옷을 벗자 제복이 보였다. 제복에는 별 네 개의 계급장이 보였다.

"하사, 나는 총사령관 워싱톤(Washington)일세. 또 일할 게 있으면 나를 불러주게나!"

하사관은 워싱톤에게 경례를 하면서 자신의 잘못을 사과하였다.

예화와 관련된 말씀

형제들아 내가 너희를 위하여 이 일에 나와 아볼로를 들어서 본을 보였으니 이는 너희로 하여금 기록된 말씀 밖으로 넘어가지 말라 한 것을 우리에게서 배워 서로 대적하여 교만한 마음을 가지지 말게 하려 함이라(고전 4:6).

09 | 최고의 미덕 겸손

성 어거스틴(St, Augustine, 354-430)은 라틴교회의 대학자였다. 그는 기독교인으로 양육을 받았고, 16세 때 카르타고로 가서 법률공부를 마쳤다.

375년에 그는 철학에 관심을 갖게 되었고, 그 후로는 기독교의 유산을 버렸다. 유명한 연설가이기도 했던 어거스틴은 로마에서 교수직을 얻었으며, 거기에서 수사학을 가르치는 학교를 세웠다.

어느 날 어거스틴에게 제자들이 이런 질문을 했다.

"선생님, 그리스도인들에게 있어서 최고의 덕은 무엇입니까?"

어거스틴은,

"첫째는 겸손이다."라고 대답했다.

"그렇다면 둘째는 무엇입니까?"

"둘째도 겸손이다."

"그러면 셋째는 무엇입니까?"

"셋째도 겸손이다."

"그러면 겸손의 반대는 무엇입니까?"

"교만이다."

제자들은 다시 물었다.

"선생님, 교만은 무엇입니까?"

"나는 지극히 겸손하다고 생각하는 것이다."

예화와 관련된 말씀

주께서 곤고한 백성은 구원하시고 교만한 자를 살피사 낮추시리이다(삼하 22:28).

교만은 패망의 선봉이요 거만한 마음은 넘어짐의 앞잡이니라(잠 16:18).

사람들이 너를 낮추거든 너는 교만했노라고 말하라 하나님은 겸손한 자를 구원하시리라(욥 22:29).

10 | 페인트 칠 하는 학장

신학자 코완(Cowan) 박사의 일화이다.

그는 미국의 어느 작은 도시에서 학생들이 그리 많지 않은 신학교를 운영하고 있었다. 하나님께서는 그에게 경건한 사역자들을 양육하라는 사명을 주셨다. 그가 경건하게 살려는 이들만 학생으로 받자, 재학 중인 학생들의 수는 적었다. 재정의 수입도 그만큼 적게 되었다. 그의 신학교는 학문적 수준은 뛰어 났지만 심한 재정난을 겪게 되고 말았다. 신학교를 이끌어야 하는 코완 박사는 매우 곤란하게 되었다. 그래서 그는 하나님 앞에 간절히 기도하고 여러 곳에 후원을 요청했다. 그리스도인 재력가들을 만나기도 하고, 편지를 보내기도 하였다.

하루는 큰 부자가 학교를 찾아왔다. 그는 마침 학교의 벽면에 페인트 칠을 하고 있는 백발의 한 남자를 보았다.

"안녕하십니까? 학장님을 만나러 왔는데, 학장실을 가르쳐 주십시오?"

페인트를 칠하고 있던 남자는 학교 안의 한 건물을 가리키면서 그곳에 학장실이 있다고 하였다.

"그런데 지금은 안 계시고, 정오쯤 되어야 만나실 수 있습니다."

부자 방문객은 학교 안에서 서성대다가, 그 시간에 맞추어서 학장실을 방문했다. 그런데 학장실에는 조금 전에 운동장에서 자신과 말을 나눈 바로 그 페인트 칠을 하던 사람이 앉아 있었다.

부자 방문객은 학장의 겸손과 솔선수범에 감동을 받았다. 그래서 대학의 필요한 것들에 대해 묻고 작은 헌금을 보내겠노라고 약속을 하고 떠났다.

이틀 후에 코완 박사는 5만 달러에 해당하는 수표가 담긴 편지를 받았다. 그 편지에는 학장의 겸손과 친절에 감동하였노라고 쓰여 있었다. 학장의 지위에도 거만하지 않고 작업복을 입고 학교건물 수리를 할 수 있는 한 인간의 겸손이 한 부자의 마음을 움직였던 것이다.

예화와 관련된 말씀

그러므로 하나님의 능하신 손 아래에서 겸손하라 때가 되면 너희를 높이시리라(벧전 5:6).

11 | 함께하는 사람

 인도의 성자 선다싱의 일화로 잘 알려진 내용이다.

 어느 날 그가 히말라야 산맥을 넘어 네팔 전도에 나섰을 때, 친구 한 사람과 같이 가게 되었다.

 그런데 가는 도중 길가에서 추위에 떨고 있는 행인을 만나게 되었다.

 혹독한 추위 때문에 그들도 생명의 위협을 느껴 그 행인을 도울 여유가 없었다.

 같이 가던 친구는 그냥 가자고 했지만 선다싱은 그 사람을 그대로 두고 갈 수 없었다. 친구와 한참을 다투다가 결국 친구를 먼저 가도록 하고 그는 추위에 떨면서 쓰러져 있던 행인을 들쳐 업었다.

 얼마동안을 걸었을까.

 한참동안 행인을 업은 채 산길을 걸어가다 보니 먼저 떠났던 그 친구가 길에 쓰러져 죽어 있는 것이 아니겠는가?

 그 친구는 혹독한 추위 때문에 자신의 체온을 유지하지 못하고 죽었던 것이었다.

 그러나 선다싱은 자기가 들쳐 업은 사람의 온기 때문에 오히려 땀을 흘리고 있었다.

두 사람의 체온이 얼어붙은 추위를 녹여 무사히 산을 넘어갈 수 있도록 한 것이다.

예화와 관련된 말씀

한 사람이면 패하겠거니와 두 사람이면 맞설 수 있나니 세 겹 줄은 쉽게 끊어지지 아니하느니라(전 4:12).

어떤 사마리아 사람은 여행하는 중 거기 이르러 그를 보고 불쌍히 여겨 가까이 가서 기름과 포도주를 그 상처에 붓고 싸매고 자기 짐승에 태워 주막으로 데리고 가서 돌보아 주니라 그 이튿날 그가 주막 주인에게 데나리온 둘을 내어 주며 이르되 이 사람을 돌보아 주라 비용이 더 들면 내가 돌아올 때에 갚으리라 하였으니 네 생각에는 이 세 사람 중에 누가 강도 만난 자의 이웃이 되겠느냐 이르되 자비를 베푼 자니이다 예수께서 이르시되 가서 너도 이와 같이 하라 하시니라(눅 10:33~37).

12 황금률의 원리

　미국의 한 교포 2세인 대학생 한 명이 아르바이트를 하면서 겪었던 이야기이다.
　그 학생이 한국 식당에서 아르바이트를 하고 있었다.
　하루는 한국 관광객이 와서 설렁탕을 먹다가 깍두기가 떨어졌다.
　그 손님은 큰 소리로 외쳤다.
　"깍두기 더!"
　아르바이트 학생은 일손이 바빠서 "조금만 기다리세요." 라고 했다.
　그 관광객은 더 큰 소리로 신경질을 내며 외쳤다.
　"야 너 내가 누군 줄 알아? 난 사장이야 사장. 직원을 70명이나 거느리고 있어."
　이 학생은 당혹스럽기도 하고 하도 기가 막혀서 그 손님에게 이렇게 말했다.
　"선생님, 제가 누군 줄 아세요? 저는 손님에게 깍두기를 얼마나 많이, 얼마나 빨리 주느냐를 결정하는 사람이에요."
　식당 안은 웃음바다가 되었다.

결국 그 손님은 얼굴이 붉어졌고, 그 아르바이트 학생이 깍두기를 줄 때까지 기다릴 수밖에 없었다.

예화와 관련된 말씀

그러므로 무엇이든지 남에게 대접을 받고자 하는 대로 너희도 남을 대접하라 이것이 율법이요 선지자니라(마 7:12).

심히 교만한 말을 다시 하지 말 것이며 오만한 말을 너희의 입에서 내지 말지어다 여호와는 지식의 하나님이시라 행동을 달아 보시느니라(삼상 2:3).

주께서 곤고한 백성은 구원하시고 교만한 자를 살피사 낮추시리이다(삼하 22:28).

13 | 3등석에 탄 사람

 미국 서부 개척시대에는 많은 사람들이 주요 이동 수단으로 역마차를 이용했다. 역마차 크기는 작아도 좌석이 세 칸으로 나뉘어 있어서 1, 2, 3등석 세 종류의 승차권을 판매하여 운행했다고 한다.

 그때만해도 지금처럼 반듯한 도로가 아니라 포장되지 않은 길이었기 때문에 한참 달리다보면 고장이 나서 몇 번씩 정차하여 수리를 해야 했다.

 그 순간 어느 좌석에 앉았느냐는 역마차를 탄 사람들에게 무척 중요했다. 왜냐하면 그때야말로 1, 2, 3등석의 차이가 나타나게 되기 때문이다.

 1등석에 앉은 사람은 고장이 나도 아무 관여하지 않고 자기 자리에 가만히 앉아 있는 사람이다.

 2등석에 앉은 사람은 고장이 나면 마차에서 내려 마차가 수리될 때까지 서서 구경을 하는 사람이었다.

 그런데 3등석에 앉은 사람은 고장이 나면 즉시 내려서 마부와 함께 마차를 수리하는데 참여하는 사람이었다고 한다. 그래서 마부들은 출발하기 전에 누가 3등석에 앉았는지 눈

여겨보곤 했다.

왜냐하면 3등석 승차권을 가진 사람들이 일꾼의 역할을 제대로 해 줄 때 역마차가 목적지까지 도착할 수 있었기 때문이다.

예화와 관련된 말씀

너희 중에 누구든지 으뜸이 되고자 하는 자는 모든 사람의 종이 되어야 하리라(막 10:44).

사람이 마땅히 우리를 그리스도의 일꾼이요 하나님의 비밀을 맡은 자로 여길지어다(고전 4:1).

이와 같이 우리와 함께 종 된 사랑하는 에바브라에게 너희가 배웠나니 그는 너희를 위한 그리스도의 신실한 일꾼이요(골 1:7).

14 | 겸손으로 성공한 사람

　제나라에는 안자라는 정승이 있었다. 그에게는 나라에서 내어 준 마부가 한 사람 있었다. 이 마부는 나라에서 녹을 받고 있었으므로 남들 앞에서 거드름을 피웠다.

　그러나 정승인 안자는 달랐다. 그는 자신에게 말을 내주어 편히 다니게 한 것이 황송스러웠다. 백성들은 아무리 먼 길도 걸어서 다니는 데, 자신은 마부가 끄는 말을 타고 가니 미안하기도 하였다. 특히, 자기가 가는 길에 노인이 걸어가는 것이 보이면 더욱 송구한 마음을 가졌다. 그러다보니, 안자는 말을 타면 허리를 아래로 굽혔다. 그래서 그는 말을 타면 으레 허리를 앞으로 숙이는 습관이 생긴 것이다.

　어느 날, 마부의 아내는 길을 지나다가 안자의 행차를 보게 되었다. 정승인 안자는 말을 타고서 몸을 앞으로 굽히고, 황송스런 모습으로 앉아서 가는 것이었다. 그런데 마부인 남편은 오히려 허리를 뒤로 젖히고 교만하게 가는 것을 보게 되었다.

　마부의 아내는 언짢았다. 정승은 말을 타고 가는 자신을 겸손해 하는데, 남편은 마부인 주제에 사람들 앞에서 거드름을 떨었기 때문이었다. 그날 밤에, 마부의 아내는 남편에게 권면을 하였다.

"여보, 안자는 정승이라도 몸가짐이 조심스러워 하는 것을 보았어요. 그런데, 당신은 마부로서 너무 교만스러웠어요. 나라에서 녹을 받는 당신이 백성들 앞에서 거드름을 피우면 안 되지요."

"알겠소. 내가 너무 어리석었소. 임자의 말대로 조심하리다."

다음 날부터 마부의 자세는 달라졌다. 안자는 마부의 이러한 자세를 보면서 그에게 왜 자세가 바뀌었느냐고 물으니, 부인으로부터 충고를 받았다고 하였다. 안자는 마부의 아내를 칭찬하면서 기뻐하였다. 그리고 그런 아내를 두었다면 마부가 결코 실수하지 않으리라 여겨서 왕에게 추천하여 대부라는 벼슬을 받게 해주었다.

예화와 관련된 말씀

젊은 자들아 이와 같이 장로들에게 순종하고 다 서로 겸손으로 허리를 동이라 하나님은 교만한 자를 대적하시되 겸손한 자들에게는 은혜를 주시느니라(벧전 5:5).

15 | 고아들을 위한 겸손

 어느 작은 마을에 새로 고아원을 설립한 중년 부인이 고아원의 살림을 꾸려 가다가, 돈이 떨어져 고아들의 먹을 것을 사기 위해 모금함을 들고 거리로 나섰다. 여인은 모금함을 들고 구걸하다시피 하는 자신의 처지가 불쌍하고 한심했고 또한 창피하기도 했다. 그러나 고아원에서 굶고 있을 아이들을 생각해서 다시 힘을 내어 모금을 하기 시작했다.

 저녁 때가 되어 큰 길가의 네온 불빛이 화려하고 손님이 많은 어느 술집으로 들어갔다. 여인은 한 손님에게 조심스럽게 다가가 '고아들을 위한 사랑의 손길'이라고 쓰인 모금함을 내밀었다. 그러자 그 남자는 귀찮다는 듯이 손을 저으며 저리 가라고 말했다. 여인은 부끄러워 얼굴이 붉어졌지만 창피를 무릅쓰고 조그맣게 이야기했다.

 "고아들을 위해 사랑의 손길을 베풀어주시지요."

 그 남자는 갑자기 "이게 재수 없게 왜 이래."하고 소리를 지르며 여인의 얼굴에 마시던 맥주를 확 뿌렸다. 술집 안에 있던 사람들이 갑자기 일어난 일에 놀라서 다 그곳을 바라보았다. 그리고는 과연 그 여인이 어떤 반응을 보일까 궁금

한 모습으로 지켜보았다. 여인은 맥주로 범벅이 된 얼굴을 닦지 않았다. 오히려 그 남자에게 가까이 다가가서 나직한 목소리로 말했다.

"손님, 손님께선 저에게 맥주라도 주셨지만 우리 고아들에게는 무엇을 주시렵니까?"

이때 술집 안은 찬물을 끼얹은 듯 조용했다. 그리고 손님들이 하나둘씩 그 여인에게 다가와서 모금함에 돈을 넣었다. 마침내 그 난폭한 남자도 자신의 지갑을 몽땅 털어 모금함에 넣는 것이었다.

여인의 마음속에는 사람들이 자기를 어떻게 생각하느냐에 대한 생각은 없었다. 다만 자신이 보살피지 않으면 안 되는 고아들에 대한 생각뿐이었다. 고아들에 대한 사랑이 이 여인을 이처럼 스스로 낮아지게 한 것이다. 이 여인은 스스로 비천함에 처함으로 존귀한 일을 했던 것이다.

예화와 관련된 말씀

하나님 아버지 앞에서 정결하고 더러움이 없는 경건은 곧 고아와 과부를 그 환난중에 돌보고 또 자기를 지켜 세속에 물들지 아니하는 그것이니라(약 1:27).

16 | 허풍과 자랑

 어느 신문에 '개구리 3천 마리 구함'이라는 광고가 실렸다. 자기 농장에 물레방아용 연못을 가지고 있는 농부가 이 광고를 보고 개구리를 사기 원하는 상인에게 회신을 보냈다.
 "트럭을 한 대 가져오십시오. 아마 그게 필요할 겁니다. 우리 연못에는 개구리가 엄청나게 많습니다."
 그러나 한참 동안 헤집고 찾아보았지만 그들은 겨우 세 마리밖에 잡을 수 없어 크게 실망하고 말았다.
 농부가 잡아 놓은 개구리를 쳐다보면서 힘없이 말을 꺼냈다.
 "당신도 이놈들이 우는 소리를 들어보셨지만 분명히 수천 마리는 된다고 생각하시지 않았나요?"
 교만하고 자기 주제를 모르는 사람들은 항상 허풍을 떨고 모든 일을 지나치게 과장하는 버릇이 있다.
 또한 사람들 중에는 지키지도 않을 약속을 하면서 허튼 소리로 속이는 사람들이 있다. 대수롭지 않은 일을 하고 나서 마치 대단한 일이라도 한 것처럼 침소봉대하여 떠벌리며 자랑하는 사람들도 있다. 이러한 사람들의 말을 액면 그대로 믿었다가는 실망할 일밖에 없다. 말로 그럴듯한 약속을 하고 환심을 산 다음에 지키지 않는 사람은 비 없는 구름과 바람 같다.

예화와 관련된 말씀

이는 세상에 있는 모든 것이 육신의 정욕과 안목의 정욕과 이생의 자랑이니 다 아버지께로 좇아 온 것이 아니요 세상으로 좇아 온 것이라(요일 2:16).

하나님께서 세상의 천한 것들과 멸시받을 것들과 없는 것들을 택하사 있는 것들을 폐하려 하시나니 이는 아무 육체라도 하나님 앞에서 자랑하지 못하게 하려 하심이라(고전 2:28, 29).

17 | 어떤 일본인의 겸손한 기도

미국의 저명한 전도자이며, 성경교사인 아이언 싸이드 박사(Dr. H. A. Ironside)는 어느 금요일 저녁에 주님의 만찬을 준비하였다. 그가 성경을 가르치는 학생들과 함께 십자가를 묵상하기 위해서였다. 아이언 싸이드 박사가 만찬에 쓰일 떡과 포도주 그리고 잔 등을 준비하느라 분주할 때, 방문을 두드리는 소리가 들렸다.

"누구십니까? 들어오세요."

한 젊은 일본인이 그 방에 들어왔다. 그는 얼마 전부터 그리스도인의 믿음에 대한 강렬한 관심을 나타냈었다. 그렇지만 언제나 주님을 대적하는 말을 하곤 했었다. 아이언 싸이드 박사는 그에게 복음을 전하기 위해서 이 밤에도 만찬에 함께 참석하도록 초대하였다.

"어서 오십시오. 야따로씨."

야따로라는 젊은이는 만찬에 모인 이들과 함께 하였다.

"우리는 누구든지 들어오는 것을 막지 않습니다. 그리고 예수 그리스도를 아는 사람들은 주의 만찬에 참여하도록 허락되어 있습니다."

야따로는 자리에 앉았다. 다른 사람들은 몇 장의 찬송을 부르고 성경을 읽고 기도한 후에, 주의 만찬을 기념하는 순서를 가졌다. 그 모든 행사의 순서가 끝났을 때 야따로가 일어서서 말했다.

"제가 기도하겠습니다."

아무도 무어라 하는 사람이 없고, 그는 기도를 시작했다.

"오, 하나님! 모두가 끝났습니다. 지난 한 해 동안 저는 성령님을 대적하여 싸웠습니다. 그러나 더 이상 싸울 수가 없습니다. 저는 보았습니다. 당신의 자녀들이 떡을 떼고 잔을 나누며 예수님께서 나처럼 비천한 죄인을 위해 죽으심에 대해 말하는 것을. 저는 아무 것도 아닙니다. 지금 겸손히 주 앞에 나아옵니다. 주님을 모시지 않고 살았던 저의 죄를 용서하소서. 예수 그리스도의 이름으로 구해 주옵소서. 아멘."

주님의 만찬 앞에서 겸손해진 야따로는 구원을 얻게 되었다.

예화와 관련된 말씀

마지막으로 말하노니 너희가 다 마음을 같이하여 동정하며 형제를 사랑하며 불쌍히 여기며 겸손하며(벧전 3:8).

18 | 예수의 십자가를 바라보면

미국 텍사스 주에서 어느 날, 달리는 기차 안에서 흑인 노예와 백인이 싸우고 있었다. 인종차별이 심한 때라서 백인이 흑인을 무시하는 과정에서 싸움이 일어난 것이다. 백인은 칼을 던져 흑인을 죽이려 하였다. 그 순간, 그들의 옆에 앉아 있던 백인 목사 한 분이 앞으로 손을 뻗쳤다. 순간적으로 흑인의 가슴을 향해 날아드는 칼을 한 손으로 막아 준 것이다. 그래서 흑인 노예의 가슴에는 칼이 안 꽂혔으나 그 목사의 손에는 심한 칼자국으로 상처가 나고 피가 흘러내렸다.

흑인 노예는 두려움과 감사로 떨면서 피가 흐르는 백인 목사의 손을 붙잡았다. 목사는 자신의 셔츠를 찢어서 피가 흐르는 손을 감쌌다. 칼을 던진 백인은 씩씩거리면서 그 자리를 떠났다.

흑인 노예는 자기가 죽을 것을 대신하여 살려준 목사의 은혜에 너무 감격하여 그 앞에 엎드려 절하면서 감사하였다. 그리고 목사를 위해서 살겠다는 간청을 하였다.

"제가 어디를 가나 노예생활을 할 텐데 이왕이면 목사님을 모시고 일평생을 바쳐 충성할 것을 다짐하오니 저를 데려가 주세요."

목사는 그의 소원을 들어주었다. 흑인 노예를 집에 데려가서 같이 살게 되었다. 그런데 이 흑인은 원래 난폭하기 때문에 가끔 자기의 주장을 내세우고 고집만 부렸다. 그리고 거만하게 목사의 말에 순종하려고 하지 않을 때가 종종 있었다.

그럴 때면 목사는 아무런 말도 하지 않고, 그 언제인가 흑인 때문에 다친 손의 칼자국을 가만히 들어 보이곤 했다. 이 흑인은 고집만 부리고 말을 잘 듣지 않다가도 그 손을 보기만 하면 겸손하게 머리를 숙이고 순종을 잘 하였다.

예화와 관련된 말씀

젊은 자들아 이와 같이 장로들에게 순종하고 다 서로 겸손으로 허리를 동이라 하나님은 교만한 자를 대적하시되 겸손한 자들에게는 은혜를 주시느니라(벧전 5:5).

19 | 오만한 나귀

그리스 신화에 나오는 이야기이다. 옛날 사모스 섬의 어느 농가에 나귀와 수탉이 함께 살고 있었다. 나귀와 수탉은 한가롭게 놀고 있었다.

그때, 사자가 어슬렁거리면서 나귀와 수탉을 보게 되었다. 숲 속에서 먹을 것을 제대로 구하지 못한 사자가 마을 근방까지 내려온 것이다. 사자는 먹이를 찾아 이곳, 저곳을 어슬렁거리다가 이 집의 담을 넘겨다보게 되었다.

나귀는 사자를 보는 순간 기가 질려 다리가 땅에 붙어버렸다. 그 자리에 서서 꼼짝도 못하고 이 세상을 떠날 준비를 하고 있었다. 그런데 놀래기는 수탉도 마찬가지였다. 수탉은 어찌나 놀랐던지 지붕 위로 날아 올라가 크게 날개를 치며 죽을힘을 다해서 울어댔다.

그러자 사자도 두려움으로 놀래는 것이었다. 사자는 이제까지 들어보지 못했던 귀를 찢는 듯한 소리에 기겁을 하게 된 것이다. 사자는 숲 속으로 줄행랑을 쳤다.

이를 본 나귀는 사자도 별 것이 아니라는 생각이 들었다. 그래서 사자를 놀래주려고 하였다. 나귀는 오만함이 생겼다.

 도망가는 사자를 혼내주려고 사자를 쫓아 숲 속으로 따라 들어갔다. 나귀는 사자를 쫓아가면서 수탉의 울음소리를 흉내를 내었다.

 사자는 생전 처음 들은 무서운 소리가 들리지 않는 데까지 도망쳤다. 이때, 사자가 뒤를 돌아보았다. 뒤쫓아 오던 나귀가 힘이 들었던지, 그만 헐떡거리며 따라오고 있는 것이었다.

 순간, 사자는 몸을 뒤로 날려서 나귀에게 달려들었다. 사자는 나귀의 뒷발을 물어서 뜯고, 목을 잡아 쓰러뜨렸다. 사자는 나귀를 아주 쉽게 잡아먹었다.

예화와 관련된 말씀

교만은 패망의 선봉이요 거만한 마음은 넘어짐의 앞잡이니라 (잠 16:18).

20 | 자기 자신을 다스리는 자기 규범

 성 베르나드는 모든 덕 중에 겸손이 가장 중요한 덕이라는 것을 깨달았다. 모든 잘못은 교만에 있고 겸손하기만 하면 자유하고, 평화롭고, 능력의 사람이 된다는 것을 깨닫고 스스로 자기가 자기를 위해서 덕을 익히기 위하여 규례를 만들었다. 그래서 자기 자신을 다스리는 자기 규범을 만들었다.

 첫째, 자기가 자기 죄를 알고 비천에 처할 줄로 알라. '내가 가장 큰 죄인이다, 모든 사람 중에 내가 큰 죄인이다.' 라고 하는 것을 알고 자기 스스로의 위치를 가장 낮은 데에다 두라.

 둘째, 자기 죄를 통회하고 사실대로 고백하라. 죄가 그대로 나타나는데 대해서 부끄러워하지 마라. 잘못해서 잘못했다는데 그것이 잘못인가? 숨길 것도 없고 변명할 것도 없다. 잘못과 실수에 대해서 일체 변명하지 말고 통회자복하고 그대로 정직하게 자기를 내세우고 살아라. 그것이 겸손이며, 이것을 은폐하려고 하면 안 된다.

 셋째는, 남이 자기의 결점을 알고 그리고 업신여기든가 멸시할 때 결코 그를 원망하지 마라. 내 잘못이 잘못이니만큼 무슨 말을 하든 말든 그대로 고맙게 받아들이라. 그것이 겸손이다. 추호도 원망하지 마라. 혹은 섭섭한 마음도 가지지 마라. 그것이 겸손이다.

이렇게 하여 자기가 자기를 일깨웠다. 또 사람이 나를 비난할 때, 혹은 모욕을 할 때, 그런 굴욕을 당할 때 하나님을 생각하고 조용히 참으라. 오히려 그에게 감사하라고 하였다. 내가 모욕을 당할 때 절대로 비굴해져서는 안 된다. 동시에 나를 모욕하는 사람을 미워해도 안 되고 이것 때문에 원망할 것도 없다. 그것이 겸손이다.

마지막으로 그는 이렇게 생각했다. 모든 전쟁과 공포와 역경과 고민과 이런 많은 사건들이 있을 때 걱정하지 마라. 언제 내 힘으로 살았냐? 어차피 하나님의 능력으로 사는 것인데 내가 뭔데 걱정을 하느냐, 그것은 교만이다.

예화와 관련된 말씀

겸손한 자는 먹고 배부를 것이며 여호와를 찾는 자는 그를 찬송할 것이라 너희 마음은 영원히 살지어다(시 22:6).

21 환영행사를 피한 나이팅게일

영국의 간호원이었던 나이팅게일은 1853년에 크리미아 전쟁이 발발하자 자원하여 전쟁터로 나갔다. 그녀는 피를 흘리고, 아파서 고성을 지르는 부상병을 간호하고, 1만 3천 명의 호열자 환자를 치료해 주었다.

그녀는 군인들로부터 싸움터의 천사, 백의의 천사라는 이름을 얻었다. 영국 국민들은 그녀에게 '광명 부인'이라는 이름을 얻게 하였다. 나아가 당시에 전 세계의 찬사를 받게 되었다.

크리미아 전쟁은 영국과 터키 연합군의 승리로 끝났다. 전쟁의 종식으로 나이팅게일은 영국으로 귀국하려 했다.

그녀의 귀국소식이 알려지자, 영국 국민들은 그녀를 전쟁의 영웅들보다도 더 존귀하게 맞이하기 위하여 대대적인 환영준비를 하였다. 그러나 명예스런 훈장이나, 자기 영광받기를 즐겨하지 않은 나이팅게일은 영국으로 귀국하려던 예정을 바꾸었다.

"영국으로 돌아가지 않아요. 프랑스행 비행기 편을 준비해 주세요."

그녀는 항공사를 찾아가서 비행기 표를 바꾸었다. 그래서 그녀는 1956년 8월 15일에 아무도 모르게 프랑스로 가게 되었다. 이와 같은 사실을 뒤늦게 알게 된 영국 국민들은 크게 실망하였다. 대대적인 환영준비를 하던 사람들은 맥이 풀렸다.

그런데, 나이팅게일이 프랑스로 가게 된 배경에는 환영행사를 피하려 함에 있었다는 사실이 알려지자, 영국인들은 다시 그녀를 존경하게 되었다.

"역시, 아름다운 천사야!"

그녀의 겸손한 태도는 사람들의 가슴에 깊은 감동을 안겨 주었다. 사람들로부터 존경을 받을 수 있는 것은 권력이나 교만으로써가 아니라 겸손한 마음과 생활 태도에 달려 있다.

예화와 관련된 말씀

교만이 오면 욕도 오거니와 겸손한 자에게는 지혜가 있느니라 (잠 11:2).

22 | 세계제일교회

 어느 예수를 잘 믿는 흑인 남자 한 사람이 있었다. 그런데 이 흑인 남자가 사는 동네에서 좀 떨어진 백인 지역에는 아주 크고 화려하게 잘 지은 큰 교회가 있었다.

 그리고 매 주일이면 고귀하게 생긴 많은 사람들이 고급 승용차를 타고 와서는 거룩하게 예배를 드리고 가는 것이었다.

 이 흑인의 소원은 단 한 번만이라도 좋으니 자기도 그 교회에 들어가서 예배를 드리고 싶다는 것이었다. 그러나 그럴 수가 없었다. 그 교회는 백인들만의 교회요, 흑인들은 그 근처에 얼씬도 못했다.

 그래서 이 흑인 남자는 하루도 빠지지 않고 열심히 기도를 올렸다.

 "주님 제 소원을 들어주십시오. 단 한 번만이라도 좋습니다. 저도 저 아름답고 훌륭한 교회에 들어가서 예배를 딱 한 번만 드리게 해 주십시오."

 이렇게 열심히 며칠을 기도하자 드디어 예수님의 응답이 들려왔다.

예수님은 그 흑인 남자에게 이렇게 말씀하셨다.

"얘야, 나도 저 교회에는 한 번도 들어가 보지 못했단다."

예화와 관련된 말씀

화 있을진저 외식하는 서기관들과 바리새인들이여 회칠한 무덤 같으니 겉으로는 아름답게 보이나 그 안에는 죽은 사람의 뼈와 모든 더러운 것이 가득하도다(마 23:27).

이르시되 이사야가 너희 외식하는 자에 대하여 잘 예언하였도다 기록하였으되 이 백성이 입술로는 나를 공경하되 마음은 내게서 멀도다 사람의 계명으로 교훈을 삼아 가르치니 나를 헛되이 경배하는도다 하였느니라(막 7:6,7).

23 | 망신

대령으로 갓 진급한 한 장교가 새 사무실 책상에 앉아 자기 어깨에 붙은 대령 계급장을 쳐다보면서 자랑스레 싱긋이 웃으며 으쓱해하고 있었다.

그때 마침 이등병 하나가 그의 사무실로 들어와 경례를 한 후 무슨 말을 하려고 하자 대령은 그 사병의 말을 막으며 먼저 말을 했다.

"잠깐만, 사병. 내가 지금 중요한 전화를 해야 하는데 거기서 기다려!"

그리고는 전화번호를 돌리고 전화통에 대고 말했다.

"안녕하십니까? 감사합니다. 박 장군님, 장군님께서 다른 세분의 장군님과 함께 저를 만나기 원하신다고요? 네, 오늘 오후 2시에요? 네, 좋습니다. 장군님! 네, 물론이지요. 제가 거기로 가겠습니다."

그는 곧 수화기를 내려놓고 잘난 체하는 표정으로 이등병에게 근엄하게 말했다.

"자, 사병, 무슨 일로 왔는가?"

이등병은 대답했다.

"대령님 사무실에 전화선을 연결해드리라고 해서 왔습니다!"

잘난 체하던 신임 대령은 이등병 앞에서 큰 창피를 당하고 말았다. 스스로 잘난 체하면 언제 부끄러움을 당할지 모른다.

예화와 관련된 말씀

아무도 자신을 속이지 말라 너희 중에 누구든지 이 세상에서 지혜 있는 줄로 생각하거든 어리석은 자가 되라 그리하여야 지혜로운 자가 되리라(고전 3:18).

의인은 거짓말을 미워하나 악인은 행위가 흉악하여 부끄러운 데에 이르느니라(잠 13:5).

24 | 으뜸이 되고자 하느냐?

성공한 목회자인 사무엘 브랭글 목사는 가난한 사람들을 생각하는 마음이 남달랐다.

그는 가난한 사람들이 어려움을 당하고 있는 것을 보고, 맡고 있던 교회를 사직하고 런던에 있는 구세군에 들어갔다.

그가 처음으로 한 일은 생각했던 거와 달리 한 무더기의 흙투성이의 장화를 닦는 일이었다. 그는 속으로 불평하였다.

그러나 곧 예수님께서 제자들의 발을 씻기신 일을 생각하면서 자신 또한 예수님처럼 섬기는 자가 될 수 있기를 기도했다.

그렇게 해서 브랭글 목사의 섬기는 삶이 시작되었다.

그는 일생동안 많은 이들을 섬김으로써 많은 열매를 거두었다.

사람들은 종종 "저로 머리가 되게 하고, 꼬리가 되지 말게 하옵소서."하고 기도한다.

이런 기도를 하면서 높은 위치에서 호령하고 있는 자신을 상상한다.

그러나 하나님은 "머리란 무릎 꿇고 섬기는 자"라고 말씀하신다.

예화와 관련된 말씀

인자가 온 것은 섬김을 받으려 함이 아니라 도리어 섬기려 하고 자기 목숨을 많은 사람의 대속물로 주려 함이니라(막 10:45).

그러므로 우리가 흔들리지 않는 나라를 받았은즉 은혜를 받자 이로 말미암아 경건함과 두려움으로 하나님을 기쁘시게 섬길지니(히 12:28).

너희 중에 누구든지 으뜸이 되고자 하는 자는 모든 사람의 종이 되어야 하리라(막 10:44).

25 | 판사의 긍휼

 우리가 비행기를 타고 미국 뉴욕을 가게 되면 일반적으로 케네디 공항에 도착한다. 그런데 뉴욕에는 케네디 공항 외에 또 하나의 공항이 있다. 그 공항은 라구아디아 공항이다. 본래 이 라구아디아라는 이름은 뉴욕 시민이 아주 사랑했던 유명한 한 시장의 이름이다. 라구아디아는 시장이 되기 전에 아주 유명한 명 판사였다.

 추운 겨울 어느 날 한 번은 라구아디아 판사가 재판 석상에서 한 노인을 만나게 되었다. 그 노인은 추운 겨울에 가족들 없이 외롭게 사는 분이었다. 그는 돈도 없고 너무나 배고픈 나머지 다른 사람의 지갑에서 20불을 훔치다가 체포되어 법정에 서게 되었다. 판결을 하기 전에 마지막으로 판사가 그 노인에게 이렇게 물었다.

 "노인장 하실 말씀이 있습니까?"

 이 노인은 라구아디아 판사를 가만히 쳐다보다가 이런 말을 했다.

 "판사님, 저에게 한 번만 긍휼을 베풀어주십시오."

 잠시 동안 그 노인장을 조용히 굽어보던 판사는 이렇게 대답을 했다.

"맞습니다. 노인장에게는 정말 긍휼이 필요하시군요. 그러나 노인이 잘못한 그 20불에 대해서는 책임을 져야 합니다. 마침 제게 10불이 있군요. 제가 이 10불을 노인장을 대신해서 변상하겠습니다. 노인장을 춥고 배고프도록 버려 둔데에는 저의 책임도 상당히 크기 때문입니다. 그렇다면 10불이 더 필요한데 여기 계신, 이 법정에 계신, 방청하시는 여러분, 우리 사회와 여러분도 이 노인이 춥고 배고파 방황하도록 그리고 도둑질하도록 버려둔데, 여러분도 공동 책임이 있습니다. 이 노인을 위해 자유롭고 자발적으로 기부를 좀 하시죠."

그 자리에 모인 사람들은 이 재판관의 명 판결을 보고 감동하여 자발적으로 헌금을 하여 그 노인을 구했다. 그 후 뉴욕 시민들은 라구아디아 판사를 긍휼이 많은 판사라고 인정하였고 그는 후일에 존경받는 시장이 되었다.

예화와 관련된 말씀

긍휼을 행하지 아니하는 자에게는 긍휼 없는 심판이 있으리라 긍휼은 심판을 이기고 자랑하느니라(약 2:13).

04
정직한 영을 새롭게 하소서

하나님이여 내 속에 정한 마음을 창조하시고 내 안에 정직한 영을 새롭게 하소서(시 51:10).

01 마음을 하나로 뭉치자

 바다거북은 산란기가 되면 모래사장으로 올라와 보통 500개 이상의 알을 낳는다. 거북의 산란장은 백사장의 깊고 깊은 모래 웅덩이다.

 거북은 웅덩이에 알을 낳고 모래로 알을 덮어놓는다. 알에서 부화한 새끼거북들이 육중한 모래를 뚫고 빠져나오는 모습은 실로 장엄하다.

 새끼들은 상호협력과 철저한 역할분담을 통해 모래를 뚫고 세상으로 나온다.

 맨 위쪽의 새끼들은 부지런히 머리 위의 모래를 걷어낸다. 옆의 새끼들은 끊임없이 벽을 허문다. 그러면 맨 아래 있는 새끼거북은 무너진 모래를 밟아 바닥을 다져가면서 세상으로 나온다.

 거북 알 하나를 묻어놓으면 밖으로 나올 확률은 고작 25%에 불과하다. 그러나 여러 개를 묻어놓으면 거의 모두 모래 밖으로 나온다.

 상호협력은 상생을 가져온다. 그러나 반목과 질시는 파멸을 가져올 뿐이다. 완승과 완패로 구분지어지는 사회와 가

정은 불행하다. 모두가 이기는 것이 진정한 승리다.

  주 안에서 승리하는 길을 아는 사람은 참으로 지혜로운 사람이다.

예화와 관련된 말씀

소금은 좋은 것이로되 만일 소금이 그 맛을 잃으면 무엇으로 이를 짜게 하리요 너희 속에 소금을 두고 서로 화목하라 하시니라(막 9:50).

오직 너희는 그리스도의 복음에 합당하게 생활하라 이는 내가 너희에게 가 보나 떠나 있으나 너희가 한마음으로 서서 한 뜻으로 복음의 신앙을 위하여 협력하는 것과(빌 1:27).

02 | 정직한 대통령

 미국 정치사는 가장 정직했던 대통령으로 그로버 클리블랜드를 뽑았다.
 그의 좌우명은 "오직 진실만을 말하겠다."였다. 그가 대통령 선거전에 나섰을 때, '뉴욕 월드지'는 클리블랜드를 지지할 수밖에 없는 이유를 다음과 같이 적고 있다.

 첫째, 그는 정직한 사람이다.
 둘째, 그는 정직한 사람이다.
 셋째, 그는 정직한 사람이다.
 넷째도 그는 정직한 사람이다.

 얼마나 진실하고 정직하게 살았던지 상대측으로부터의 비방도 "꼴사납게 정직하다"는 말을 들을 정도였다.
 이런 것으로 보아 클리블랜드 대통령이 매우 진실했던 것만큼은 틀림없었던 것 같다.
 국민들의 신망을 받는 지도자는 진실하고 정직해야 한다. 지도자 한 사람이 잘못된 발언을 하면 국민 전체가 잘못된다. 그러므로 무엇을 하나 하더라도 심사숙고하고 철저히 연구해서 결정을 내리고, 일단 결정하고 발표한 것은 흔들림 없이 시행하여야 한다.

최고 지도자의 존귀한 위치에 있더라도 조석으로 말이 바뀌면 국민의 신뢰와 호응을 기대할 수 없다.

예화와 관련된 말씀

분외의 말을 하는 것도 미련한 자에게 합당치 아니하거든 하물며 거짓말을 하는 것이 존귀한 자에게 합당하겠느냐(잠 17:7).

너희 주의 아들들 중에서 가장 어질고 정직한 자를 택하여 그의 아버지의 왕좌에 두고 너희 주의 집을 위하여 싸우라 하였더라(왕하 10:3).

03 거짓말은 안 한다

 캐나다 총리 장 크레티앙은 '시골호박'이라는 별명을 얻을 만큼 수수하고 밤이면 부인과 함께 근처 피자가게에 불쑥 나타나는 소탈한 성격의 소유자이다. 그러나 가난한 집안의 19형제 가운데 열여덟 번째로 태어난 그는 선천적으로 한 쪽 귀가 안 들리고, 안면 근육 마비로 입이 비뚤어져 발음이 어눌했다.

 그런 그가 신체장애를 딛고 1993년 총리가 된 이래 세 번이나 총리에 임명되었다. 하지만 총리의 신체장애는 때론 정치만화가의 풍자 대상이 되었고, 작은 사건도 크게 부풀려져 호기심의 대상이 되었다. 그가 선거유세를 다닐 때 일이다.

 "여러분, 저는 언어 장애를 가지고 있습니다. 그 때문에 오랜 시간 고통을 당하기도 했습니다. 지금은 제가 가진 언어 장애 때문에 제 생각과 의지를 전부 전하지 못할까봐 고통스럽습니다. 인내심을 가지고 저의 말에 귀기울여 주십시오. 저의 어눌한 발음이 아니라 그 속에 담긴 저의 생각과 의지를 들어 주셨으면 합니다."

그때 누군가 소리쳤다.

"하지만 한 나라를 대표하는 총리에게 언어 장애가 있다는 것은 치명적인 결점입니다!"

그러자 크레티앙은 어눌하지만 단호한 목소리로 말했다.

"나는 말은 잘 못하지만 거짓말은 안 합니다."

그는 1963년 29세의 나이로 하원의원에 당선된 뒤 40여 년 동안 정치를 하면서 자신의 신체장애와 그로 인한 고통을 솔직히 시인함으로써 오히려 국민들의 지지를 받았다.

"말은 잘 못하지만 거짓말은 안 한다"는 그의 정직함과 성실함이 자신의 불리한 조건을 이겨내는 힘이 되었다.

예화와 관련된 말씀

나의 하나님이여 주께서 마음을 감찰하시고 정직을 기뻐하시는 줄 내가 아나이다 내가 정직한 마음으로 이 모든 것을 즐거이 드렸사오며 이제 내가 또 여기 있는 주의 백성이 주께 즐거이 드리는 것을 보오니 심히 기쁘도소이다(대상 29:17).

04 | 안중근 의사

 안중근 의사가 어렸을 때에 아버지가 몹시 엄했다. 그의 집에는 아버지가 특히나 소중하고 귀하게 여기는, 그 가정에 보물 같은 벼루가 하나 있었다.
 어린 안중근이 아버지가 안 계실 때에 몰래 그 벼루를 꺼내가지고 쓰다가 아뿔싸, 그만 부주의해서 벼루를 깨뜨렸다. 어찌할 길이 없어 발을 동동 구르고 있는데 그때 곁에 있던 하인이 말했다.
 "그러지 말고 제가 깨뜨렸다고 하겠어요. 만일에 도련님이 깨뜨렸다고 하면 큰 난리가 날 거예요. 도련님, 그렇게 하세요."
 "아니, 그럴 필요 없네."
 이윽고 아버지가 오시자마자 그는 무릎을 꿇고 이렇게 말했다.
 "대단히 죄송합니다. 아버님께서 소중히 여기시고 손대지 말라 하신 벼루를 제가 몰래 쓰다가 깨뜨렸습니다."
 그러자 아버지가 회초리로 종아리를 때렸는데 얼마나 심하게 쳤는지 종아리에서 피가 났다.

얼마 후, 아버지 앞에서 물러나온 안중근이 그 종아리에 맺힌 피를 닦고 있는데 아까 그 하인이 가까이 왔다.

"그러게 제가 뭐라고 했어요? 제가 했다고 하면 될 걸 무엇 하러 도련님이 했다고 해 가지고 이 아픔을 겪는단 말이에요?"

하인은 어린 도련님이 안쓰러워서 말했다.

그러자 어린 안중근은 말했다.

"좀 아프기는 하지만 마음은 편하네. 잘 들어두어라. 아프고 괴롭지만, 마음은 편하다. 이것이 정직이다. 이것이 정직의 대가이다."

예화와 관련된 말씀

히스기야가 그의 조상 다윗의 모든 행실과 같이 여호와 보시기에 정직하게 행하여(대하 29:2).

여호와는 의로우사 의로운 일을 좋아하시나니 정직한 자는 그의 얼굴을 뵈오리로다(시 11:7).

05 정직은 최고의 정책

 선명회는 한국 전쟁으로 생겨난 고아들과 과부들을 돕기 위하여 미국 피얼스 목사가 창설한 자선 단체이다. 피얼스 목사는 영락교회 한경직 목사와도 잘 아는 관계였다. 피얼스 목사는 한경직 목사에게 6.25전쟁의 희생자들인 미망인과 그 자녀들이 자립 할 기간 동안 거처 할 수 있는 모자원 10동을 지을 수 있는 자재를 제공하기로 약속하였다. 이에 한경직 목사는 부산 구덕산 아래 부지를 마련하고 영락 모자원을 짓기로 하였다.

 그런데 여기서 문제가 생겼다. 당시 우리나라 형편이란 오늘날 캄보디아나 다를 바 없는 비참한 처지였다. 모든 물자가 부족하고 식량도 절대 부족한 형편이었다. 그런 형편이었으므로 미국 피얼스 목사가 보내준 원조 물자를 좀 돌려쓰자는 여론이 일어난 것이다. 간단히 말해서 피얼스 목사가 보내준 나무는 나왕으로 한 사이당 만원이라면 소나무는 한 사이당 이천 원이니 그 차액 팔천 원으로 다른 좋은 일을 얼마나 많이 할 수 있느냐?는 것이었다. 한경직 목사는 이를 단호히 물리쳤다. 이를 거절당한 사람들은 얼른 듣기에는 합리적이고도 그럴듯한 현실론을 들이밀면서 목사를 몹시 괴롭혔다. 최후로 한 목사는 피얼스 목사가 보내주는 자재 그대로 짓지 않으려면 나는 모자원 짓는 일을 거절하겠다고 하였다. 결국은 한 목사 뜻대로 원조 받은 자재 하나도 빼돌리지 않고 그대로 모자원 10동을 지었다. 얼마 후 피얼스 목사가 한국을 방문하고 자신이 중심이 되어 설립한 선명회를 통하여 수많은 한국 교회와 고아원, 모자원에 원조하였던 물자들이 거의 대부분 보내준 그대로 쓰여 지지 않고 변칙적으로 사용되었고, 여러 가지 이유를 내걸었으나 그 실은 부정하게 처리 되었다는 사실을 알고 몹시 섭섭히 생각하였다.

그러나 한 목사만은 원조 받은 자재를 받은 그대로 정직하게 사용하였다는 사실을 알고 그 후 한국교계에서 믿을 사람은 한경직 목사밖에 없다고 생각하고, 선명회를 통한 원조 관계 일은 항상 한경직 목사와 협의하여 처리하였다.

예화와 관련된 말씀

> 또 주의 종에게 고의로 죄를 짓지 말게 하사 그 죄가 나를 주장하지 못하게 하소서 그리하면 내가 정직하여 큰 죄과에서 벗어나겠나이다(시 19:13).

06 | 링컨의 청결한 가치관

 미국의 16대 대통령이었던 링컨이 대통령으로 당선되기 전에 이런 일이 있었다.

 주의회 의원에 출마한 링컨에게 소속당으로부터 선거 운동비로 쓰라고 200불을 보내왔다.

 그리 큰돈은 아니었지만 지극히 가난했던 링컨에게는 큰돈이었다. 그 후 선거는 끝났고 링컨은 주의회 의원으로 당선이 되었다.

 그런데 링컨은 그가 받았던 200불의 선거 운동비 중에서 199불 25센트를 당본부로 되돌려 보냈다. 당 본부에서는 놀랐다.

 그러나 돈과 함께 온 링컨의 편지 내용 앞에서 모두들 숙연해졌다는 것이다.

 그 편지의 내용은 다음과 같았다.

 "선거 연설 회장 비용은 내가 갚았고 여러 유세장을 돌아다니는 데는 말을 탔기 때문에 비용이 들지 않았소. 다만 유지 가운데 한 사람이 목이 마르다는 분이 있어서 사이다를 한 잔 사준 것이 75센트 들었소. 그 다음은 아무 비용도 들지 않고 무난히 당선되었소."

깨끗한 가치관과 사회 풍토가 조성되어야 한다.

뒤를 파보아도 떳떳하고 옆을 파보아도 깨끗한, 그래서 링컨처럼 75센트의 명세서를 내놓을 수 있어야 많은 사람들의 지지를 받게 되는 것이다.

예화와 관련된 말씀

하나님이여 내 속에 정한 마음을 창조하시고 내 안에 정직한 영을 새롭게 하소서(시 51:10).

내가 주를 바라오니 성실과 정직으로 나를 보호하소서(시 25:21).

정직한 자는 보고 기뻐하며 모든 사악한 자는 자기 입을 봉하리로다(시 107:42).

07 | 정직으로 여는 하루

 어느 나라에 지혜로운 임금이 살았다. 임금님은 어느 봄날 온 백성들에게 꽃씨를 나누어주었다. 그 꽃씨로 싹을 내어 잘 길러서 가을에 임금님의 행차가 있을 때 집집마다 그 꽃들을 가지고 나와 임금님을 기쁘게 하라고 명령을 내린 것이다.

 마침내 가을이 되었다. 임금님의 행차는 약속대로 시작되었고 사람들이 저마다 활짝 피운 꽃들을 가지고 나와 임금님을 향해 흔들며 환영을 했다. 얼마나 꽃들을 아름답게 길렀는지 백일홍, 채송화, 장미꽃 등 온갖 꽃들이 만발했다.

 그런데 그 동네에 참 가난한 집이 한 집 있었다. 두 모녀가 힘겹게 살아가는 집인데 하필이면 이 집의 화분에만 꽃이 피지 않았다. 물도 주고 거름도 주고 정성을 다했지만 이 집에만 싹이 나지 않았다. 한 달이 지나고 두 달이 지나도 꽃은 필 생각을 하지 않았다. 그러다가 마침내 가을이 되었고 임금님의 행차가 시작된 것이다. 결국 빈 화분을 든 채 너무나도 초라한 모습으로 두 모녀는 문 앞에 서있었다. 팡파레가 울려 퍼지고 임금의 행차가 지나갔다. 온 동네가 축제의 무드임에도 불구하고 임금님은 별로 기뻐하는 내색도 없이 오히려 수심만 가득했다.

마침내 그 행차는 가난한 모녀의 집 앞에 다다랐고 그들을 보는 순간 임금님은 기쁨을 이기지 못하시고 행차에서 내리시어 두 모녀의 손을 덥석 잡고 마차로 인도하셨다.

동네 사람들도 심지어 모녀조차도 영문을 알 수 없었다. 대궐로 돌아오신 임금님은 문무백관들을 불러 모아놓고 그제 서야 그 이유를 설명하였다.

지난봄에 임금이 나누어준 씨는 쇳가루로 만든 가짜 씨였다는 것이다. 사람들이 서로 서로 눈치를 살피면서 가짜 꽃들을 피운 것이다. 임금님이 기대한 것은 아름다운 꽃이 아니라 정직한 마음을 원하신 것이었다.

쇳가루로 백일홍, 채송화, 장미꽃을 피웠으니 얼마나 기가 막히는 일이었겠는가? 오늘도 얼마나 많은 사람들이 거짓의 꽃을 피우는지 모른다.

예화와 관련된 말씀

의인을 위하여 빛을 뿌리고 마음이 정직한 자를 위하여 기쁨을 뿌리시는도다(시 97:11).

08 보석 전문가가 되는 길

 어떤 젊은이가 보석 전문가를 찾아 가서는 보석 기술자가 되고 싶다고 말하였다. 그 전문가는 젊은이가 기술을 배울 만한 인내심이 없어 보여서 제자로 받아들이길 거절하였다. 그러나 한 번만 기회를 달라는 청년의 간청에 못 이겨 승낙하였다.

 다음날 아침, 보석 전문가는 다시 찾아온 젊은이에게 비취 원석을 주면서 그대로 쥐고 있으라고 했다. 그리고는 자기 일자리로 가서는 묵묵히 보석을 깎고 다듬었다. 젊은이는 말없이 그대로 앉아 기다렸다.

 그 다음날 아침에도 보석 전문가는 전날과 똑같이 젊은이에게 비취원석을 손에 쥐고 있게 했다. 셋째 날, 넷째 날 그리고 다섯째 날에도 같은 일을 되풀이했다. 여섯째 날에도 청년에게 비취 원석을 쥐고 있게 했다. 그러자 더 이상 참지 못한 청년이 입을 열었다.

 "선생님, 언제쯤이야 저도 뭔가를 배우게 될까요?"
 "때가 되면 배우게 될 거야."
 이 말만 하고 선생은 계속 자기 일만 했다.

그 후로도 여러 날이 지났고 젊은이의 불만도 커져 갔다.

어느 날 아침 보석 전문가가 그에게 다가서며 손을 벌리라는 시늉을 했다. 이때 그 청년은 이제는 더 이상 계속하지 못하겠다는 말을 하려고 했다.

그러나 그 순간 보석 전문가는 젊은이의 손에다 돌멩이를 쥐어주었다. 그것을 받아 쥔 젊은이는 손을 펴보지도 않은 채 말했다.

"이것은 전의 그 비취 원석이 아니네요."

그러자 선생은 빙그레 웃으며 말했다.

"자네도 드디어 배우기 시작했군."

예화와 관련된 말씀

좋은 땅에 있다는 것은 착하고 좋은 마음으로 말씀을 듣고 지키어 인내로 결실하는 자니라(눅 8:15).

09 | 스타인웨이 피아노

 수많은 피아니스트들이 연주회용으로 가장 선호하는 피아노가 스타인웨이사에서 만든 것이다. 이 스타인웨이 피아노는 아주 정교하게 만들어진 수제품으로 특별하게 좋은 소리를 낸다.

 약 140년 전에 헨리 스타인웨이라는 사람이 공장을 설립하여 피아노를 제작하기 시작하였다. 이 회사에서는 아직까지도 140년 전에 헨리 스타인웨이가 처음 피아노를 만들던 때의 제작 방법으로 피아노를 생산하고 있다.

 이 피아노 한 대에는 1만 2천 개의 부속품이 들어간다. 그리고 피아노 한 대를 제작하는 데는 무려 2백 명이나 되는 기술자가 달라붙어 작업을 한다.

 좋은 소리를 내야 하기 때문에 피아노의 내부 제작이 물론 중요하다. 그런데 피아노의 겉모양을 만드는 작업도 보통 힘든 게 아니라고 한다. 그랜드 피아노의 휘어 들어간 곡면을 만들기 위해 십팔겹으로 된 단풍나무판을 강철 압력기에 넣어 구부리는 작업을 한다. 그리고 다섯 겹으로 락카 칠을 해야 하고 손으로 잘 문질러서 피아노에 윤이 나게 한다.

내부와 외장의 완성으로 피아노 한 대의 제작이 끝나는 것이 아니다. 다 만들어진 피아노는 성능을 시험해야 한다. 이 시험을 위해 피아노는 두들기는 방으로 보내진다. 거기서 건반마다 일만 번 씩 두드려서 소리와 내구성을 확인하는 것이다. 이런 시험을 거친 후에 비로소 무대에서 연주되어 연주가를 빛내 준다.

자기의 뜻에 맞는 그릇을 만드는 토기장이처럼 하나님은 우리 인간을 선하신 뜻에 따라 만들어 가신다.

말씀으로 다듬고, 일만 번이라도 두들기는 인내의 과정을 거쳐서 비로소 우리는 하나님께 영광을 돌릴 수 있는 귀한 그릇이 되는 것이다.

예화와 관련된 말씀

보라 인내하는 자를 우리가 복되다 하나니 너희가 욥의 인내를 들었고 주께서 주신 결말을 보았거니와 주는 가장 자비하시고 긍휼히 여기시는 이시니라(약 5:11).

10 | 총장의 사직서

박대선 목사가 연세대학교 총장으로 재직할 당시의 일이다.

박 총장의 아들이 아버지가 총장으로 있는 연세대학교에서 입시시험을 보았는데, 합격 점수에 약간 미달되어 연세대학교에 낙방하였다.

그때 교수들이 박 총장의 아들이 낙방된 것을 가지고 교수회의를 열었다.

그때 교수회에서 점수 차이도 큰 것이 아니고, 총장의 아들이니 입학시키자는 의견의 일치를 보았다. 그래서 그 결과를 총장께 보고를 드렸더니 두말없이 박 총장은 사직서를 내놓았다.

"내 아들을 떨어진 대로 놔두든지 내 사직서를 받든지 둘 중의 하나를 택하라."

박 총장은 사직서와 함께 이렇게 완강히 말하였다.

결국 연세대에 입학을 못시키고 그 아들은 경희대학교에 입학하였다.

그 아들은 연세대학교 캠퍼스 안에 총장 공관에서 살면서 경희대학교를 졸업하였다는 것이다.

그 후 박대선 총장은 그의 정직함과 청결함으로 더욱 존경을 받고 감리교 감독까지 역임하셨다.

예화와 관련된 말씀

미련한 자는 죄를 심상히 여겨도 정직한 자 중에는 은혜가 있느니라(잠 14:9).

범사에 네 자신이 선한 일의 본을 보이며 교훈에 부패하지 아니함과 단정함과 책망할 것이 없는 바른 말을 하라 이는 대적하는 자로 하여금 부끄러워 우리를 악하다 할 것이 없게 하려 함이라(딛 2:7,8).

11 | 떡 장수 할머니

마을을 떠돌며 떡을 파는 할머니가 있었다.
떡이 먹음직스럽고 값이 싸서 가는 곳마다 사람들이 몰려들었다.
한 번 떡을 사먹은 사람은 반드시 처음보다 더 많이 사가려 했기 때문에 자리를 펴자마자 떡은 다 팔렸다.
하지만 떡이 잘 팔릴수록 할머니는 한숨을 쉬며, 그 마을에 다시 나타나지 않았다. 그날도 할머니는 낯선 동네에서 떡을 팔고 있었다.
여느 동네에서와 마찬가지로 떡을 한 번 산 사람들은 다시 와서 더 많은 떡을 사갔다.
그때였다.
어린 소년이 할머니의 손에 금화를 내밀었다.
"이 금화만큼 떡을 달라는 거냐?"
"아닙니다. 할머니께 산 떡에서 이 금화가 나왔어요. 제 것이 아니라서 가져왔습니다."
떡장수 할머니는 많은 유산과 사업장을 물려줄 후계자를 찾고 있던 중이었다.

그동안 정직한 사람을 찾기 위해 금화가 든 떡을 팔며 전국을 돌아다녔던 것이다.

할머니는 이 정직한 소년에게 자신의 유산과 사업장을 물려줄 후계자리를 주었다.

예화와 관련된 말씀

내가 깨달은 것은 오직 이것이라 곧 하나님은 사람을 정직하게 지으셨으나 사람이 많은 꾀들을 낸 것이니라(전 7:29).

하물며 악을 저지르기를 물 마심 같이 하는 가증하고 부패한 사람을 용납하시겠느냐(욥 15:16).

만물보다 거짓되고 심히 부패한 것은 마음이라 누가 능히 이를 알리요마는(렘 17:9).

12 | 정직이라는 시험

미국의 밴더빌트 대학에서 수학을 가르치던 매디슨 새럿이란 교수가 있었는데, 그는 아주 존경받는 경건한 크리스천 교수였다.

그는 강의를 시작할 때마다 학생들에게 자주 하는 말이 있었는데, 특히 시험을 칠 때는 어김없이 이 말을 함으로써 시작했다고 한다.

"여러분, 여러분은 오늘 시험을 치르게 되었습니다. 시험관은 두 분입니다. 나 매디슨 교수와 함께 시험을 감독하실 분은 바로 하나님이십니다. 여러분은 이 두 분을 다 의식해야 합니다."

그리고 매디슨 새럿 교수는 계속해서 학생들에게 이렇게 말했다.

"그리고 여러분은 두 가지 시험을 치르는 것입니다. 하나는 수학 시험이고, 또 하나는 정직이라는 시험입니다. 여러분은 수학 시험보다도 정직이라는 시험에 패스하도록 노력해야 합니다. 왜냐하면 정직한 인생, 이것은 인생 전체를 살아가는 여러분의 중요한 테스트가 되기 때문입니다."

매디슨 새럿 교수는 학생들에게 무엇보다 정직이 인생에 있어서 중요하다는 사실을 가르치고 싶었던 것이다.

예화와 관련된 말씀

나의 하나님이여 주께서 마음을 감찰하시고 정직을 기뻐하시는 줄을 내가 아나이다 내가 정직한 마음으로 이 모든 것을 즐거이 드렸사오며 이제 내가 또 여기 있는 주의 백성이 주께 자원하여 드리는 것을 보오니 심히 기쁘도소이다(대상 29:17).

사람의 송사를 억울하게 하는 것은 다 주께서 기쁘게 보시는 것이 아니로다(애 3:36).

공의로 그의 허리띠를 삼으며 성실로 그의 몸의 띠를 삼으리라(사 11:5).

13 | 묵묵히 추구하는 삶

 편작은 화타와 더불어 죽은 사람도 살려낸다는 중국의 명의였다. 그리고 그의 두 형도 모두 의사였다. 다만 두 형은 막내인 편작만큼 세상에 이름을 알리지 못했을 뿐이다.

 위나라 임금이 편작에게 물었다.

 "그대 삼 형제 중 누가 병을 가장 잘 치료하는가?"

 편작이 대답했다.

 "큰 형님의 의술이 가장 훌륭하고 다음은 둘째 형님이며, 그 다음이 저의 의술입니다. 저의 큰 형님은 환자가 아픔을 느끼기 전에 얼굴빛으로 이미 그 환자에게 다가올 병을 압니다. 그리하여 그 환자가 병이 나기도 전에 병의 원인을 제거하여 줍니다.

 그리하여 환자는 아파 보지도 못한 상태에서 치료를 받게 되어 저의 큰 형님이 자신의 고통을 제거해 주었다는 사실을 알지 못하는 것입니다. 저의 큰 형님께서 명의로 소문나지 않은 이유가 바로 여기에 있습니다.

 그리고 저의 둘째 형님은 환자의 병세가 미미할 때 그 병을 알아보시고 치료에 들어가십니다. 그래서 환자들은 저의 둘째 형님이 자신의 큰 병을 낫게 해 주었다고 생각지 않습니다. 반면에 저는 병이 커지고 환자가 고통 속에서 신음할 때에야 비로소 병을 알아봅니다. 환자의 병세가 심각하므로 맥을 짚어 보아야 했고, 진기한 약을 먹여야 했으며 살을 도려내는 수술을 진행해야 했습니다.

그런데 사람들은 저의 그런 행위를 보고서야 비로소 제가 자기들의 병을 고쳐 주었다고 믿는 것입니다. 제가 명의로 소문나게 된 것은 이렇게 하찮은 이유에서입니다."

예화와 관련된 말씀

겸손한 자는 먹고 배부를 것이며 여호와를 찾는 자는 그를 찬송할 것이라 너희 마음은 영원히 살지어다(시 22:26).

14 | 들통 난 거짓말

고등학생 몇 사람이 어느 주일날 교외로 나가 신나게 하루 종일 놀았다. 다음날 아침이 되자 그들은 학교에 가고 싶지 않았다. 그 중 한 학생이 꾀를 냈다.

"야, 우리 하루 더 놀자. 그리고 완전히 결석하면 안 되니까, 이따 오후 학교 수업이 끝나기 직전에 들어가는 거야. 그리고 사실 주일날 우리가 교외로 놀러갔었는데 자동차 타이어가 펑크 났다고 하는 거야. 더욱이 타이어를 고칠 기구가 없어서 하루 종일 애쓰다가 가까스로 고쳐서 겨우 왔다고 보고하자."

그들은 서로 합의하여 학교에 가지 않고 월요일의 반나절을 더 신나게 놀았다.

오후가 되자 그들은 학교에 들어가 선생님에게 거짓말을 하기 시작했다.

그들의 이야기를 다 들은 선생님은 빙그레 웃으면서 "뭐 그럴 수도 있지"라고 하시면서 그들에게 메모지 한 장씩을 주셨다.

그리고는 각각 네 사람이 떨어져서 펑크 난 자동차 타이어가 왼쪽, 오른쪽 어느 쪽인지를 쓰게 하였다.

거짓은 반드시 드러나도록 되어 있다.

예화와 관련된 말씀

너는 그의 말씀에 더하지 말라 그가 너를 책망하시겠고 너는 거짓말하는 자가 될까 두려우니라(잠 30:6).

너희는 도둑질하지 말며 속이지 말며 서로 거짓말하지 말며(레 19:11).

의인은 거짓말을 미워하나 악인은 행위가 흉악하여 부끄러운 데에 이르느니라(잠 13:5).

15 | 가장 양심적인 돈

한국 교회의 초기 역사에 이름도 없이, 빛도 없이 수고한 많은 한국인이 있다. 하디 선교사는 1904년 그의 선교보고서 맨 마지막 부분에 아름다운 전도자 한 사람의 생애를 기록하고 있다. 이 사람은 남감리교 리드 선교사가 한국에서 선교를 시작하였을 때 처음부터 동참한 사람으로 이름은 윤선근이다.

그는 원래 학식이 없는 사람이었지만 교회에 다니면서 한글을 깨우치기 시작했다. 또한 그는 기독교 진리를 열심히 배웠을 뿐만 아니라 그대로 살려고 노력했다. 그는 죽기 전 3년 동안 죄에 대해서 배웠고 죄에서 어떻게 해방되는지를 알게 되었다. 그는 하디 선교사의 부흥회 도중 처음으로 공개석상에서 자신의 죄를 고백했다. 아무도 이 사람의 행동을 의심하는 사람은 없었지만 성령의 인도하심에 따라 자신의 죄를 분명하게 고백했다. 그는 어떤 선교사 밑에서 조력자로 일할 때 약간의 돈을 훔친 적이 있었는데 이것을 고백하고 돌려주었다.

죽기 바로 직전 윤선근은 하디에게 "하나님께서 과거의

모든 죄를 생각나게 하사 하나도 남김없이 회개할 수 있도록 해달라고 기도했다"고 말했다. 그러면서 20년 전 그가 아직 기독교를 알지 못했을 때 조폐국에서 일하고 있었는데, 사무착오로 약 4달러를 더 받았다고 고백했다.

물론 그는 이것을 알고 있었지만 그냥 가졌다고 한다. 하지만 성령의 도움으로 이것이 죄라는 것을 깨달은 그는 하디에게 그 돈을 정부에 돌려주라고 요청하고 세상을 떠났다. 하디는 윤선근의 부탁대로 그 돈을 돌려주고 영수증을 받았고 그 영수증을 잘 보관했다. 하디는 그 돈이야말로 한국정부에 들어간 돈 가운데서 가장 양심적인 돈일 것이라고 기록했다.

하디 선교사는 윤선근의 아름다운 신앙행적을 기록해 후대에 남겼다. 우리의 교회사를 보석처럼 빛나게 하는 것은 바로 이 같은 성도들의 아름다운 신앙의 삶이다.

예화와 관련된 말씀

하나님이여 내 속에 정한 마음을 창조하시고 내 안에 정직한 영을 새롭게 하소서(시 51:10).

16 | 정직의 결과

어느 분이 설렁탕집을 인수받았다. 시설도 주방장도 모두 그대로 인수받았다. 내일부터 자기가 경영하게 되었다. 그 날 밤 하나님께 기도하였다.

"하나님! 내일부터 설렁탕집을 경영하겠습니다. 우리 집에 오시는 손님을 모두 예수님 모시듯이 모시겠습니다."

그리고 아침에 나갔다. 주방장은 늘 그랬던 것처럼 그 날 필요한 만큼의 설렁탕 국물을 만들어 놓았다. 그런데 정말 고기국물처럼 보이라고 커피에 타는 크림으로 타서 뽀얗게 만들었다. 누가 보면 진국같이 보였다. 그 분은 기겁을 하였다.

"나는 어제 기도하였다. 우리 집에 오시는 손님을 예수님 모시듯이 모시기로 하였다. 예수님을 어떻게 크림으로 만든 가짜 설렁탕 국물로 대접할 수 있겠는가?"

그는 설렁탕 국물을 모두 쏟아 버렸다. 그리고 문 앞에 광고문을 써서 붙였다.

"오늘 하루 쉽니다."

단골손님들이 와서 왜 휴업하느냐고 물었다. 할 수 없이 장사 못 하는 이유를 솔직히 말해 주었다. 이 소문이 퍼졌다.

그래서 이 설렁탕집은 손님들이 항상 부글거리는 소문난 설렁탕집이 되었다.

"손님들을 예수님처럼 대접하리라."

이런 기업 철학은 그 기업을 복되게 하였다.

예화와 관련된 말씀

여호와의 도가 정직한 자에게는 산성이요 행악하는 자에게는 멸망이니라(잠 10:29).

누가 지혜가 있어 이런 일을 깨달으며 누가 총명이 있어 이런 일을 알겠느냐 여호와의 도는 정직하니 의인은 그 길로 다니거니와 그러나 죄인은 그 길에 걸려 넘어지리라(호 14:9).

17 | 다들 그렇게 해요

아버지가 여섯 살짜리 아들을 옆자리에 태우고 운전하고 있었다. 신호위반으로 교통경찰에게 걸리고 말았다. 아버지는 차를 세웠다. 그리고 운전면허증과 그 밑에 만 원짜리 몇 장을 살짝 감추어 건네주었다. 경찰은 아무 일도 없었다는 듯 경례를 붙이며 그냥 보내주는 것이었다.

아이는 눈이 크게 뜨고 이 광경을 보고 있었다. 아버지가 말했다.

"괜찮다. 얘야. 다들 그렇게 한단다."

그 아이에게 이런 일이 또 있었다. 그 아이 삼촌이 찾아 왔다. 그리고 어떻게 하면 세금을 적게 낼 수 있는 지 아버지와 함께 의논하고 돌아갔다.

옆에서 이상하게 여기는 아이에게 아버지가 말했습니다.

"괜찮아. 세금 제대로 다 내다간 남는 것이 없어. 다들 그렇게 해."

그 아이가 중학생이 되었다. 방학이 되었다. 과일가게에서 한동안 아르바이트를 하게 되었다. 주인아저씨는 싱싱한 과일은 잘 보이게 해놓고 오래된 과일은 뒤에 감춰두었다가

팔 때 끼워 팔라고 말했다. 어떻게 그렇게 할 수 있느냐고 물었다. 아저씨가 말했다.

"괜찮아. 다들 그렇게 해서 과일을 판단다."

그 아이가 어른이 되었다. 그리고 회사에 취직을 하였다. 큰 횡령사건을 저질렀다. 그리고 감옥에 수감되었다.

면회를 온 아버지가 말했다.

"이 놈아. 넌 도대체 누굴 닮은 거냐? 왜 너는 가르치지도 않은 짓을 했느냔 말이냐?"

아들이 아버지에게 말했다.

"괜찮아요. 아버지. 다들 그렇게 해요. 전 재수가 없어서 걸린 것뿐이에요."

예화와 관련된 말씀

정직한 자의 공의는 자기를 건지려니와 사악한 자는 자기의 악에 잡히리라(잠 11:6).

의인의 생각은 정직하여도 악인의 도모는 속임이니라(잠 12:5).

18 | 어느 회사의 시험

 어떤 회사에서 사람이 필요해서 신문에 모집광고를 내었다. 그 광고를 보고서 70명이나 되는 많은 사람들이 몰려왔다. 그래서 그들에게 시험을 쳐서 그 가운데 적당한 사람들을 뽑기로 했다. 시험은 간단했다. 그러나 방법은 색달랐다. 지원자들은 차례대로 줄을 서서 한 사람씩만 시험장 안으로 들어가게 되어 있었다. 시험장 안에는 아무것도 없었다. 그저 양 사방 벽에 큰 거울이 하나씩 걸려있을 뿐이었다. 지원자들은 그 거울 앞에 서서 거울에 비친 자신의 모습을 바라보면서 거울 위에 쓰여 있는 질문에 맞으면 "예," 아니면 "아니요"라고 답안지에 적도록 되어있었다.

 첫 번째 거울은 이렇게 묻고 있었다.

 "당신은 거울에 비친 이 사람이 정직한 사람이라고 생각합니까?"

 두 번째 거울은 이렇게 묻고 있었다.

 "이 사람은 여하에 경우에도 거짓말을 하지 않는 사람입니까?"

 세 번째 거울은 이렇게 묻고 있었다.

"이 사람은 신뢰할 수 있는 인물이라고 생각합니까?"

마지막 네 번째 거울은 이렇게 묻고 있었다.

"만일 당신이라면 이 사람을 채용하겠습니까?"

그것이 시험의 전부였다. 시험을 다 치르고서 시험장 밖으로 빠져 나오는 사람마다 의외라는 듯한 표정을 지었다. 그들은 끼리끼리 모여 앉아서 수군거렸다.

"참, 싱거운 시험도 다 있네. 사람을 뽑으려면 정정당당하게 시험을 쳐서 실력으로 뽑아야지. 어린 아이 장난도 아니고 이게 뭐야?"

그러면서도 그들은 자신 있는 듯 한 태도를 취했다. 그런데 놀랍게도 70명 가운데 단 한 사람만 합격하고, 나머지 69명은 모두 떨어졌다. 합격한 사람은 네 가지 질문에 모두 솔직하게 '아니요'라고 대답했다. 그 회사는 정직한 사람을 원했다. 자기의 부족을 솔직하게 고백할 수 있는 용기 있는 사람을 원했던 것이다.

예화와 관련된 말씀

의로운 입술은 왕들이 기뻐하는 것이요 정직하게 말하는 자는 그들의 사랑을 입느니라(잠 16:13).

19 | 재봉틀 외판원

보스톤에 가면 켄모어 스퀘어라고 하는 곳이 있다. 왜 켄모어 스퀘어라고 했느냐고 하면 켄모어라고 하는 재봉틀 공장이 있었기 때문이다.

켄모어 회사에서 처음에는 재봉틀만 만들었었는데 지금은 켄모어 냉장고, 켄모어 세탁기, 켄모어 전자제품들을 만드는 유명한 회사가 됐다. 켄모어 회사에 재봉틀만 만들어 시판할 때이다.

외판 사원들 가운데 어느 외판사원은 남들보다 두 배, 세 배 성적이 좋았다. 매년 한 번씩 외판 성적이 좋은 사원을 불러서 공로를 치하해 주고 보너스도 주었는데 그 외판사원은 내리 3년 동안 일등을 했다.

그래서 어떻게 하면 그토록 성적을 많이 올렸나 알아보고 싶어 사장이 그를 불러 좋은 성적을 올리는 성공의 비결이라도 있느냐고 물었다. 빙그레 웃으면서 그 외판사원이 사장에게 대답했다.

"사장님, 별다른 비결이 있는 것은 아니고 저는 상품을 팔기 위해 남의 집에 갈 때에는 그 집 문 앞에 서서 제가 결혼

했을 때 그 행복했던 순간을 다시 생각해보며 기쁜 얼굴로 그 집 초인종을 누릅니다."라고 하는 것이다.

기쁜 얼굴을 하면 보는 사람도 즐거운 것이다. 상품 하나를 팔아서 기쁨이 넘쳐흐르는 사람의 상품을 사게 마련인 것이다.

 예화와 관련된 말씀

우리는 미쁨이 없을지라도 주는 항상 미쁘시니 자기를 부인하실 수 없으시리라(시 37:5,6).

이러므로 너희가 주 안에서 모든 기쁨으로 그를 영접하고 또 이와 같은 자들을 존귀히 여기라(빌 2:29).

20 | 진정한 관심은 긴 인내를

 가을철이 되면 신문에 노벨상을 받은 사람들이 소개되고 있다. 세계 최고의 상으로 개인 뿐 아니라 나라에도 영광이다.

 노벨상을 받은 사람 중 가장 나이가 많은 사람은 87살의 미국의 의학자 프랑시스 피통 루(Francis Peyton Rous)로 알려져 있다.

 그는 1909년 30살의 나이로 록펠러 재단 의학 연구소에 들어갔다. 어느 날 양계장을 하는 사람이 병든 플리머스 로크종 닭을 검사하려고 연구소에 가져왔다.

 그 닭은 종양이 걸려 죽었는데 그는 혹시 바이러스가 있는지를 살펴보았다.

 그는 검사 결과 "세포를 마음대로 넘나드는 물질"이 있다는 것을 발견했다. 그리고 그 물질은 다른 닭에서도 종양을 만들어 내는 것을 알아냈다.

 1930년대에 그 물질은 "루씨 닭 육종 바이러스"라는 이름으로 불렸다. 최초의 "종양 바이러스"가 된 셈이다.

 그 후 그의 연구 성과는 사람들에게 커다란 반향을 일으키지 못했다. 그러나 1966년에 와서 바이러스의 작용이 얼마나 중요한가가 분명히 알려졌고, 55년 전 루가 연구하여 발표한 보고서가 얼마나 가치 있는가가 드러나게 되었다.

그래서 그는 반세기가 넘도록 기다려 노벨상을 받았다. 결과에 대한 평가는 쉽게 기대하지 못할 때도 있다. 쉽게 결과를 얻지 못한다고 포기하지 말아야 한다.

예화와 관련된 말씀

너희에게 인내가 필요함은 너희가 하나님의 뜻을 행한 후에 약속하신 것을 받기 위함이라(히 10:36).

21 | 아버지의 인내

 코카콜라를 세계적인 회사로 만든 사람은 로버트 우드러프로 알려져 있다. 원래 코카콜라는 존 S. 펨버턴이 만든 소화제 대용 음료였는데, 캔들러라는 사업가가 2,300달러에 사업권을 사들여 애틀랜타 최고의 음료로 만든 후 사업권을 2,500만 달러에 로버트 우드러프의 아버지 어니스트 우드러프에게 팔았다.

 로버트 우드러프는 고등학교 때 낙제를 거듭하다 끝내 쫓겨났다. 아버지는 기대를 가지고 군사 학교에 보냈지만 그곳에서도 적응하지 못했고, 에모리 대학에서도 추방당했다. 아버지는 아들을 포기하지 않았다.

 아들은 유리 공장에서 일당 60센트를 받고 삽으로 모래를 퍼 담는 일부터 시작해 부사장직에 올랐다. 2차 대전으로 경영 위기를 당했을 때 아버지는 아들을 믿고 아들에게 회사를 맡겼다.

 그는 "나의 꿈은 내 세대에 전 세계 모든 사람에게 코카콜라를 한 잔이라도 맛보게 하는 것이다"라고 말했다.

 그는 2차 세계 대전의 역경을 세계화의 발판으로 삼았다.

모든 전장에서 단돈 5센트면 코카콜라를 사 먹을 수 있도록 했다.

그는 애국 마케팅을 통해 "코카콜라는 위대한 미국인의 국민 음료"라는 이미지를 구축했다. 그는 사업 비결을 물어보는 기자에게 "내 혈관 속에 흐르는 것은 피가 아니라 코카콜라입니다."라고 말했다고 한다.

아버지가 끝까지 믿어주고 기다린 결과이다. 나무는 하루 아침에 자라지 않는다.

예화와 관련된 말씀

인내를 온전히 이루라 이는 너희로 온전하고 구비하여 조금도 부족함이 없게 하려 함이라(약 1:4).

22 | 용서합니다

'미네소타 크리스천 크로니클' 이라는 잡지에 실린 이야기이다. 킴 푹 여인은 베트남 여인으로 월남 전쟁당시 살을 태우는 무서운 네이팜 폭탄이 떨어진 마을에서 필사적으로 도망쳐 나와 생존한 사람이다.

그가 유명인사가 된 것은 우연히 종군기자의 카메라에 그 도망치는 모습이 찍혀 전 세계 여러 신문에 실렸기 때문이다.

1996년 워싱턴에선 월남전 기념비 제막식이 있었는데 킴 푹 여인이 초청되어 연설을 하게 되었다. 그녀는 연설에서 민간인 마을에 폭탄을 투하한 비행기 조종사를 만나면 그를 용서할 것이라고 말했다.

그런데 놀랍게도 그 자리에 존 머플러라는 비행기 조종사가 참석하여 자리에 앉아 있었다. 그는 도저히 그냥 앉아 있을 수가 없어서 벌떡 일어나 소리쳤다.

"정말 죄송합니다. 제가 그 조종사입니다. 저의 오판으로 고통을 드려서 정말 죄송합니다. 죄송합니다. 그 일로 인해 전 그동안 고통스러운 마음으로 살아왔습니다. 용서해 주시오. 용서해 주시오."

"용서합니다. 괜찮습니다. 저는 다 용서합니다. 용서합니다."

순식간에 벌어진 일에 사람들은 깜짝 놀랐다. 그리고 다들 용서를 빌고 용서하는 감격스런 장면 앞에서 눈물을 훔치며 우레와 같은 박수를 보냈다.

자기와 가족에게 평생 지울 수 없는 흉터를 남긴 그 당사자를 킴 푹 여인은 어떻게 용서할 수 있었는지, 신문은 그녀가 월남전 이후에 그리스도인이 되었고, 비행기 조종사 역시 오래 전부터 신실한 그리스도인이었다고 말하고 있다.

예화와 관련된 말씀

너희가 무슨 일에든지 누구를 용서하면 나도 그리하고 내가 만일 용서한 일이 있으면 용서한 그것은 너희를 위하여 그리스도 앞에서 한 것이니(고후 2:10).

23 | 사랑과 용서

    인종차별이 심했던 때의 이야기이다. 한 미국신사가 자기 집 정원 앞에서 맥주를 마시며 서 있었다. 이때 남루하고 몹시 피곤해 보이는 한 인디언이 지나가다가 그 신사에게 빵을 좀 달라고 애걸했다.

    신사는 "너에게 줄 빵이 없다."고 말했다.

    "그렇다면 지금 당신이 마시는 맥주라도 한 잔 주십시오." 하고 부탁했으나 역시 거절당했다. 몹시도 배가 고프고 갈증이 난 인디언은 마지막으로 물 한 모금이라도 달라고 사정했지만 미국신사는 "너처럼 개 같은 인디언에게 줄 물은 없다."고 잘라 말했다. 인디언은 슬픈 얼굴로 돌아갔다.

    얼마 후에 이 미국신사는 사냥을 나갔다. 그런데 깊은 산중에서 사냥개를 놓쳐 그만 길을 잃었다. 방향감각도 없이 산 속에서 헤매는데 날이 어두워지기 시작했다.

    그는 배고프고 목이 말라 죽을 지경에까지 이르렀다. 마침 그때 그 곳을 지나가던 인디언이 그의 딱한 사정을 보고 당장 구출해서 자기 집으로 안내하며 후히 대접했다.

    그 신사가 정신을 차리고 난 후 가만히 보니 자기를 구출

한 인디언은 바로 얼마 전에 자기가 박대했던 그 인디언이었다.

미국신사는 너무 어이가 없고 부끄러워서 어쩔 줄 몰라 하였다. 그런 미국신사에게 이 인디언은 조용히 말했다고 한다.

"당신이 얼마 전에 나에게 한 것처럼 내가 당신을 대했다면 지금쯤 당신은 산중에서 죽었을 것입니다."

예화와 관련된 말씀

네 원수가 배고파하거든 식물을 먹이고 목말라하거든 물을 마시우라 그리하는 것은 핀 숯으로 그의 머리에 놓는 것과 일반이요 여호와께서는 네게 상을 주시리라(잠25:21,22).

24 | 용서하고 사랑하라

 보우그라는 마을에 우고린이라는 본성이 착한 곱추가 살고 있었다. 그는 모든 동리 사람들에게 존경을 받았다. 우고린은 그의 아버지가 누구인지 모르며 그의 어머니는 주정뱅이여서 소랑케라는 그의 누이와 함께 살았다.

 그의 누이 소랑케가 어느 날 도둑이라는 누명을 쓰고 투옥되었다. 얼마 후 석방되었을 때 불구인 동생이 병석에 눕게 되었는데 직장을 얻을 수가 없어 그녀의 몸을 팔아 동생의 약값을 대었다.

 어느 날 우고린은 몰지각한 군중들에게 둘러싸여 조롱을 당하였다. 그들은 우고린을 넘어뜨리고 그를 중심으로 춤을 추면서 "네 누이의 연인들이 각각 한 프랑씩을 지불했다."라고 조소하며 그를 모욕하였다.

 그때 그 동리의 나이 많은 한 신부가 와서 그들을 물러가게 하고 우고린을 구해주었다. 그 다음날 그 곱추는 모멸감과 치욕을 참을 수 없어 강에 뛰어들어 자살을 하였다. 그리고 그의 누이 소랑케는 총으로 자살하였다.

 그 늙은 신부는 "이 어린 것들은 자살한 것이 아니라 자비가 없는 사회에 의해 살해당했다."라고 비통하게 말했다. 장례식 때 그 신부는 강단에서 추도 설교를 하면서 통곡하였다.

"기독교인들이여, 생사의 주관자이신 주님께서 심판하시는 날, 나에게 너의 양이 어디 있느냐고 물으신다면 나는 주님께 대답할 말이 없습니다. 그러나 주님께서 세 번째로 나에게 네 양이 어디 있느냐고 물으신다면 나는 부끄러움을 무릅쓰고, '그들은 양이 아니었습니다. 그들은 이리 떼였습니다.'라고 대답할 것입니다."

우리가 다른 사람들을 이해하고 사랑하고 용서하고 동정하는 것을 배워야 하는 것은 바로 그것이 하나님의 용서를 받아들이는 것이기 때문이다. 타인에 대한 용서는 하나님의 용서를 받아들인 내적 확신의 외적 표출이다.

예화와 관련된 말씀

서로 친절하게 하며 불쌍히 여기며 서로 용서하기를 하나님이 그리스도 안에서 너희를 용서하심과 같이 하라(엡 4:32).

25 | 은혜를 베푸는 사람

초나라 장왕이 있었다. 왕은 신하들과 더불어 연회를 베풀고 있었는데 낮에 시작한 파티가 밤이 깊도록 계속되자 연회석엔 무수한 촛불들을 밝혀 놓았다. 이렇게 연회의 흥취가 무르익고 있을 때였다. 왕은 자기가 아끼고 사랑하는 허희라는 여인에게 여기 참석한 신하들에게 술 한 잔씩 따라 드리라고 했다. 왕의 특별한 호의였다.

한참 허희가 술을 부어가고 있을 때였다. 갑자기 일진광풍이 불어 촛불이 모조리 꺼져버리자 연회석은 지척을 분간할 수 없는 어둠에 휩싸여 버렸다.

바로 그때였다. 누가 허희의 가냘픈 허리를 감아 당기는 것이 아닌가? 허희는 순간적으로 그 사람의 갓 끈을 끊어쥐고 몸을 뺀다음 왕에게로 달려가 이런 일이 있었다고 보고했다.

이 말을 들은 순간 왕은 불을 켜려는 시종들의 동작을 제지하면서 말했다. 오늘은 군신간의 허물없는 즐거움을 위하여 마련한 자리니 경들은 지금부터 거추장스러운 갓끈을 모조리 끊어 팽개치고 마음껏 술을 들자고 권했다. 모든 사람들이 갓끈을 끊어버리고 마음껏 즐기다가 돌아갔다.

그로부터 수년이 흘렀다. 당시 최강을 자랑하던 진나라와 초나라 사이에 전쟁이 있었다.

그때 선봉을 자청한 당교라는 장수의 특별한 지략으로 예기치 못한 전과를 올리자 왕은 그에게 특별한 상을 주려고 했다.

그러나 당사자는 이미 왕으로부터 한없는 은혜를 입은 사람이라 더 이상 상을 받을 수 없다며 그 옛날 연회석상에서 허희의 허리를 안은 사람이 바로 자기라고 고백했다. 그때 왕은 호탕하게 웃으며 오히려 그에게 큰 상을 내렸다고 한다.

예화와 관련된 말씀

아무에게도 악을 악으로 갚지 말고 모든 사람 앞에서 선한 일을 도모하라(롬 12:17).